外国人児童生徒の
学びを創る授業実践

「ことばと教科の力」を育む浜松の取り組み

齋藤ひろみ・池上摩希子・近田由紀子［編］

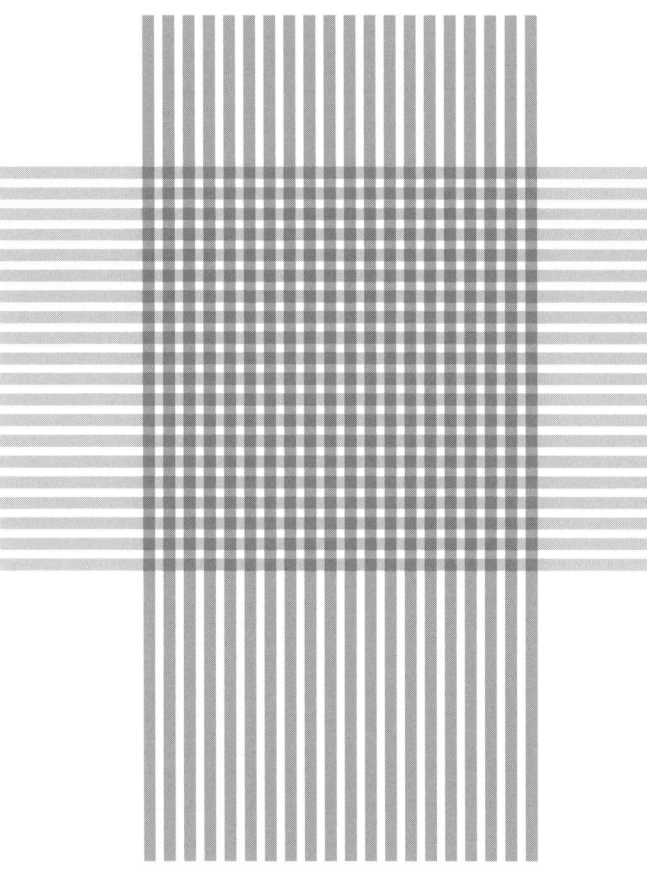

くろしお出版

目　次

はじめに 7

第 1 部　浜松市の外国人児童生徒教育の現在 13

第 1 章　浜松市の外国人児童生徒をとりまく状況 15
　　1　国際化する浜松市の外国人児童生徒教育 16
　　2　浜松市の外国人児童生徒の受入れ体制 17
　　3　学校内の体制 20
　　4　浜松市の外国人児童生徒の支援ネットワーク 24
　　5　今後の展望 28

第 2 章　日本語教室における外国人児童生徒の学習支援
　　　　　―第 2 部の授業実践を読み解くために― 31
　　1　子どもたちへの日本語教育の現状
　　　　―多様な子ども・教師・学校の状況― 32
　　2　文化間を移動している子どもへの日本語教育
　　　　―ライフコースという視点から― 33
　　3　日本語教育の内容と方法
　　　　―「日本語」プログラムとコース設計― 37
　　4　教科と日本語の統合学習
　　　　―文部科学省開発『JSL カリキュラム』の概要― 45
　　5　学習参加を促すための支援
　　　　―第 2 部の各実践を読み解くために― 52
　　6　まとめ―子どもたちの学びの場を設計する― 57

第 2 部　実践事例
──「ことばと教科の力」を育む授業── 61
　　第 2 部　授業実践者 62

第 3 章　子どもたちの「学習への興味関心」を喚起する 63
　実践報告 1　視覚的に情報を提供し、興味関心を掻き立てる
　　　　　4 年国語科「アップとルーズで伝える」「4 年 3 組から発信します」　64
　実践報告 2　わかる喜びを体験させ、興味関心を持続する
　　　　　5 年国語科「千年の釘にいどむ」　70
　活動の工夫①　「吹き出し」を利用して「気持ち」を表現する　76
　コメント　興味へのきっかけと関心の維持から「自信と意欲」を育む実践　78

第 4 章　子どもたちの「思考・判断」を促す仕掛けをつくる 81
　実践報告 1　クイズづくりの過程を通して判断の手掛かりに気づく
　　　　　2 年国語科「ともこさんはどこかな」　82
　実践報告 2　テキストと写真のマッチングによって情景を想像する
　　　　　6 年国語科「森へ」　88
　実践報告 3　図式化により情報を関連付けて未知の事柄を理解する
　　　　　6 年国語科「平和のとりでを築く」　94
　実践報告 4　資料の比較を通して、事象の歴史的意味を考える
　　　　　6 年社会科「明治の国づくりを進めた人々」　104
　活動の工夫②　カードに書いてしりとりをしよう　110
　コメント　考える手掛かりが得られる活動展開　112

第 5 章　子どもたちの「理解・表現」を支援する 115
　実践報告 1　モデル文と観点カードをヒントに文章を構成する
　　　　　2 年国語科「かんさつ名人になろう」　116
　実践報告 2　ペープサートの操作を通して文章を理解する
　　　　　3 年国語科「ありの行列」　122

| 実践報告3 | 身の回りの具体例を探して内容を理解する
5年国語科「見立てる・生き物は円柱形」 128
| 実践報告4 | モデル図を利用して理解し、説明する
中学2年理科「動物の生活と種類」 134
| 活動の工夫③ | 思考を刺激し、整理するために色分けを利用する 142
| コメント | 視覚教材や動作で理解を促し、表現の機会をつくる 144

第6章 子どもたちの「関係性を広げる」学びの場をつくる 147

| 実践報告1 | 日本人児童を日本語教室に招き、クイズを出題する
2年国語科「たんぽぽのちえ」 148
| 実践報告2 | 日本語教室で作ったクイズを在籍学級で出題する
3年国語科「おもしろいもの見つけた」 154
| 実践報告3 | 日本語教室をオープンにし、音読劇を披露する
4年国語科「白いぼうし」 161
| 実践報告4 | 自分と社会の関係を意識して、調べ学習を進める
中学1年総合「自分・まち・未来」 166
| 活動の工夫④ | 在籍学校とのつながりを明確にする 172
| コメント | 学びの場の「他者」を意識して 174

第3部　インタビュー
―学校と地域支援とのつながりと広がり― 177

　　　支援ネットワークマップ 178

1. 子どもにとって、何が必要か－教育委員会の立場から、教員の立場から－
　　　..澤田直子さん(浜松市教育委員会 指導主事)　180
2. 浜松に住む子どもなら、多人数校でも少人数校でも
　　　..釋精子さん(浜松市立城北小学校 校長)　187
3. 学校内の連携－生活指導の立場から－
　　　...野澤直矢さん(浜松市立瑞穂小学校 教諭)　192

4. 浜松市の日本語指導教室を振り返って
　　　　　　……………田中惠子さん(NPO法人浜松外国人子ども教育支援協会 事務局長)　198
5. 「教え、育てること」に違いはない
　　　　　　……………平野伊子さん(基礎学力定着指導「まなびっこ」コーディネーター)　204
6. 「まなぶん」教室の運営と子どもたちの姿
　　　　　　…………加藤庸子さん(NPO法人浜松日本語・日本文化研究会「にほんごNPO」代表)　210
7. 地域発の外国人の子どもたちの支援活動を目指して
　　　　　　……河合世津美さん(NPO法人日本語教育ボランティア協会「ジャボラNPO」理事長)　215
8. 夢を語り、自立して生きる力を育む場づくりを
　　　　　　………………………秋元ルシナさん(NPO法人アラッセ 理事長)　220
9. ベトナムのコミュニティと 子どもたちの学びの場
　　　　　　……………………山田明(トラン・バン・ミン)さん(静岡県ベトナム人協会)　224
10. フィリピンにつながるいろいろな人に居場所を
　　　　　　…………………………中村グレイスさん(「フィリピノナガイサ」代表)　229
11. ポルトガル語でつなぐ「人」と「未来」
　　　　　　………………齊藤ナイルさん(浜松市教育委員会 外国人児童生徒相談員)　232
12. 社会人としての経験を、外国人の子どもたちの支援活動に生かす
　　　　　　……………北島勇一さん(「外国人子どもサポーターズクラブ(KSC)」代表)　236
13. グローバル人材の育成と子どもたちの支援
　　　　　　……堀永乃さん(浜松国際交流協会・一般社団法人グローバル人財サポート浜松)　242
14. 地域社会とつながり、地域社会をつなぐ大学の役割
　　　　　　………………………………池上重弘さん(静岡文化芸術大学 教授)　247

＊所属と肩書きはインタビュー時点のものである

おわりに ……………………………………………………………………………… 251

はじめに

　最近、小中学校現場で外国人児童生徒の教育に関わる先生方や、地域でかれらの支援を行っている人々の間で、「外国人の子どもたちの学力保障を！」という声をよく耳にするようになりました。国語や算数、社会や理科等の教科内容が理解でき、各教科の基本的な知識やスキルを高めることの重要性が認識されてきているということでしょう。さらに、子どもたちのキャリア形成において進学や就業には学力が必要だという現実的な見方もあります。日系のブラジル人を中心に、外国人児童生徒が多く居住している浜松やその周辺の地域においても、学校では、教科学習への参加を目指した外国人児童生徒教育の取り組みが進められてきました。また、三重県松坂市のように、外国人住民が集住している地域の中には、外国人児童生徒の学力保障の問題を小中連携の一つの課題として位置づけて取り組むところも見られるようになっています。

　しかしながら、日本語を母語としない子どもたちの「日本語と学力を相互作用させながら発達させていく教育」の方法に関しては、簡単に答えが得られるものではないため、現在も模索が続けられています。そうした動きの一つに、文部科学省が平成15(2003)年から平成19(2007)年にかけて「学校におけるJSLカリキュラム（小学校編・中学校編）」（以下「JSLカリキュラム」）を開発し、普及を試みてきたことが挙げられます。子どもたちが教科学習に日本語で参加する力を高めることをねらいとした教育の考え方です。北米で展開してきた「内容重視の言語教育」の考え方を背景にもつのですが、その教育理念や子ども観、言語観は、多文化社会におけるマイノリティ児童の言語教育として評価されています。しかし、その普及状況は、一部の学校を除けば、学校の指導体制の整備や担当者の育成という課題が未解決のままであるために、なかなか実効性をもった運用はなされずにきました。

　そうした中、浜松市の教育現場では、「JSLカリキュラム（小学校編）」

が公開されたころから、研修会で理解を深めたり活動例集の作成と共有化に取り組んだりして、外国人児童生徒の教科学習への参加を促すための教育の在り方について、検討を重ねてきました。編者３名はこの活動に異なる立場ではありますが、長年かかわってきました。齋藤は浜松市で「JSLカリキュラム」の取り組みを始めたころから、市の研修会や学校の研究授業に何度も顔を出させていただきました。池上も研修会などがきっかけで教育現場に伺うようになりました。その後も瑞穂小学校を中心に、「JSL算数科」の取り組みに参加し、助言をしつつ支援者の方とともに学んでいます。そして近田は、浜松市の外国人児童が多数在籍する学校の日本語指導担当者として、「JSLカリキュラム」に基づく各教科の授業にチャレンジし続けてきました。本書の２部で紹介する授業実践例は、３名が関わってきた浜松市における「JSLカリキュラム」の取り組みの一部です。

　他方、地域の活動に目を向けると、多様な言語文化背景をもつ子どもたちへの教育・支援活動は、この10年で飛躍的に活発になってきました。その要因の一つに、文部科学省が展開してきた「虹の架け橋事業」（詳しくはp. 215を参照）の存在があります。本書の第３部では浜松地域の支援ネットワークの状況を、学校、NPO法人、ボランティア団体等の立場で支援活動に携わっている皆さんへのインタビューを通して描きだそうと試みています。この中にも、「虹の架け橋事業」の委託を受けて活動を展開している団体が少なくありませんでした。インタビューからは、国としての外国人児童の教育に関する施策と、市町村単位の施策とが連関して機能しつつあることがわかります。そしてなにより、行政の施策を実質的な教育・支援として価値あるものにしているのは、その事業を運営しているNPOやボランティア団体等のみなさんです。支援に関わっている皆さんの声から地域全体の取り組みの様子が、じっくりと伝わってきます。浜松における外国人児童生徒教育・支援が、学校と地域の各団体がエージェントとして機能することによって展開してきたことがわかります。

　本書は、３部構成となっています。第１部では、第２部・第３部を読

み解くために、浜松市の外国人児童生徒教育の状況と、「JSL カリキュラム」に代表される「内容と日本語の統合教育」に関する情報と考え方を提供しました。第1章で、「浜松市の外国人児童生徒をとりまく状況」と題して、外国人児童生徒数や浜松市の小中学校における受け入れ体制、市全域における外国人児童生徒の教育・支援の状況、そして、学校の日本語教室の教育・支援内容の概要を紹介します。第2章は、「日本語教室における外国人児童生徒の学習支援」とし、「文化間移動」「ライフコース」という概念の紹介と、浜松市の日本語教室のコースデザイン例、そして、「JSL カリキュラム」の背景にある「内容と日本語の統合教育」の考え方と授業づくりの方法について紹介しました。加えて、第2部の実践を読み解く際のポイントを示しています。

　第2部では、浜松市内の小中学校の日本語教室で外国人児童生徒を対象として実施された実践(授業例と活動例)を紹介します。授業例は各授業を実施した先生方が(各実践の実施校・実践者については、p. 62を参照)、活動例については、編者(齋藤・池上)が紹介します。実践例を「学びの場の仕掛け」に着目して、4つの章に分けて配置しました。第3章では「学習への興味関心」を喚起する仕掛けが施された実践として、4年国語科「アップとルーズで伝える」、5年国語科「千年の釘にいどむ」の授業実践例、そして、美術の活動例として「『吹き出し』を利用して『気持ち』を表現する」で構成してあります。第4章は子どもたちの『思考・判断』を促す仕掛けをつくる実践として、2年国語科「ともこさんはどこかな」、6年国語科「森へ」、「平和のとりでを築く」、6年社会科「明治の国づくりを進めた人々」の授業を紹介します。また、活動例として4年生対象の漢字の活動「カードに書いてしりとりをしよう」があります。第5章は、2年国語科「かんさつ名人になろう」、3年国語科「ありの行列」、5年国語科「見立てる・生き物は円柱形」、中学2年理科「動物の生活と種類」の4つの授業例で構成しました。これらは、子どもたちの「理解・表現」を支援することに重きを置いた実践です。さらに、6年算数科「場合の数」での「思考を刺激し、整理するために色分けを利用する」活動を加えました。第6章には、子どもた

ちの「関係性を広げる」学びの場をつくっている授業例として、2年国語科「たんぽぽのちえ」、3年国語科「おもしろいもの見つけた」、4年国語科「白いぼうし」と中学生対象の総合的な学習「自分・まち・未来」という実践例を配しました。加えて、4年国語科単元「学級新聞をつくろう」の活動「在籍学級とのつながり」を紹介しました。各章の最後で、編者(齋藤・池上)がそれぞれの実践から学んだ「子どもの学びを育む授業づくり」について振り返っています。

第3部は、浜松地域の外国人児童生徒教育に関わっている、多様な組織や団体の皆さんへのインタビューを採録しました。多様な立場で関わっている方の語りを通して、地域の支援ネットワークの状況を描きだしたいと思い、インタビューへのご協力をお願いしました。教育行政の立場の教育委員会担当者や相談員、学校の立場の学校長や生徒指導担当教員、そして行政の委託を受けて「はまっこ、まつっこ、まなぶん、まなびっこ」の活動をする団体の代表者、地域の支援活動をするボランティア団体・NPO組織、大学関係者のみなさんです。それぞれの活動と、その活動を通して感じている子どもたちの生活・学習上の課題や可能性、そして、今後の浜松における外国人児童生徒教育・支援の展開への期待と、みなさん自身の活動の今後について語っていただきました。それらを、編者3名が編集したものが第3部です。第2部で紹介した授業で学んでいる子どもたちが、学校外でどのような暮らしをしているのか、その様子を窺い知ることができ、外国人児童生徒の置かれている社会的文脈を捉えることができます。

ここで、本書で使っている用語について簡単に説明します。本書では、「外国人児童生徒」という用語を使っていますが、学校教育の現場でもっとも一般的に用いられていることを重視して選択しました。これは、決して外国籍児童生徒に限定するものではなく、文化間移動を経験し、日本語日本文化以外の多様な言語文化背景をもって学んでいる子どものことを指します。日本籍の子どもも、国際結婚家庭の子どもも含むものです。「外国人の子ども」も同じように使います。年齢に関しては、小中学校の学齢の子どもたちに対する、学校での教育を中心に述べてい

ますが、小学校に入学する前の乳児・幼児期の保育・教育、中学校卒業後の教育・支援の重要性をも認識しながら本書を編集しています。また、在籍学級の授業時間に別の教室(「日本語教室」等)に取り出して指導する形態を「取り出し指導」とします。

　本書の刊行は、期せずして外国人児童生徒教育の転換期に重なりました。平成26(2014)年度より、法改正が行われ、小中学校における日本語指導は、正規の教育課程である「特別の教育課程」として編成・実施することができるようになりました(学校教育法施行規則の一部を改正する省令等の施行について(通知)[1])。これまでは、日本語教室などに取り出して指導している時間は、正規課程以外の課外の活動として扱われていました。それが、学校設置者(主に市町村の教育委員会)に申請し承認されれば、「日本語の能力に応じた特別の指導」が正式な学習として認められるようになったのです。子どもたちの学習権・言語権という観点からすれば、大きな意義のある改革です。その指導内容には「日本語を用いて学校生活を営む」とともに、「学習に取り組むことができるようにする」ことを目的としたものだとあります。また、その留意事項には、指導内容等に関して、「日本語の能力を高める指導のみならず、当該児童生徒の日本語の能力に応じて行う各教科等の指導も含む」とされていますし、「その場合の各教科等の指導内容は、当該児童生徒の在籍する学年の教育課程に必ずしもとらわれることなく、当該児童生徒の学習到達度に応じた適切な内容とすること」と示されています。さらに、「日本語の能力に応じた特別の指導」には、年間の指導計画を立てることや、学校教員が指導の補助を行う者との協力について示されています。本書の第2部で紹介した、授業実践事例は、「特別の教育課程」として日本語指導を実施する上で、多くの示唆を含み、そして、この教育にチャレンジしようという先生方や支援者の皆さんの背中を後押しする力強い内容を含んでいると思います。また、第3部で紹介した地域の支援者の取り組みも、今後、「特別の教育課程」を編成・実施する上で、

1　http://www.mext.go.jp/a_menu/shotou/clarinet/003/1341903.htm (2015年3月31日 アクセス)

学校と地域とがさらに有機的に結び合い、教育・支援コミュニティをいかに形成していくかという点で大きなヒントになるのではないでしょうか。

　2015年春、編者の一人近田由紀子は、浜松から海外へと旅立ち、新たな教育に取り組んでいます。それは、これまでに出会った多くの子どもたちとの営みが、そのチャレンジを後押ししたのでしょう。そして、池上摩希子は相変わらず、浜松の活動に魅せられ、ときどきお邪魔しては支援者のみなさんと語り合っています。子どもたちが学ぶ姿はもちろんのこと、支援者のみなさんとの相互作用が魅力的で、そこにいつも新しい発見があるのです。齋藤ひろみは、所属大学の小学校教員養成課程に設定されていた日本語教育選修が国語教育選修に吸収合併される中、国語教育選修の学生に、「外国人の子どもたちの日本語教育」の教育的課題としての重要性と教育活動としての魅力にいかに気づかせるか思案中です。

　多様な言語文化を背景に日々精一杯生きている子どもたちは、とても真っ直ぐで逞しいのです。かれらとの格闘には、自分自身の人としての成長や社会の動きが鏡のように映し出されます。私たち編者3人が感じている、かれらと共振する魅力を、読者のみなさんにも是非一緒に感じ、考えてほしいと思って、この本を送り出します。

　　　　　　　　　編者　齋藤ひろみ・池上摩希子・近田由紀子

　　　　　　　　　　　　　　　　　　　　　　2015年4月1日

＊本書の執筆にあたり、現地での聞き取り調査及びインタビューの実施において、平成23－27年度科学研究費補助金・基盤研究(C)一般（課題番号23520648・研究代表者：池上摩希子）「年少者日本語教育の協働的実践研究―教科学習を通じて身に付く「ことばの力」の検証―」の補助を受けている。

第 1 部

浜松市の外国人児童生徒教育の現在

　「浜松といえば？」　この問いには様々な答えが想定できる。浜名湖、暖かい、遠州灘、ウナギ、ピアノ、オートバイ…と景勝の地であることや名物産物がすぐに浮かぶだろう。同時に、外国人、日系人、ブラジル、デカセギといった人の移動と国際化に関するキーワードも、いまや、普通に取り上げられるのではないか。

　第1部第1章では、まず、こうした国際化が進む浜松市の状況を概観し、浜松における外国人児童生徒教育の概要を記述する。浜松の地域的な特色と教育行政のもつ「多文化共生教育」という指針によって、大枠が規定され運用されていることがわかる。

　第2章では、学校教育現場ではどのような考え方で日本語学習支援が行われているか、そのもとになる考え方と方法論について紹介する。次に浜松市が目指す日本語学習と教科学習をつなぎ、「ことばと教科の力」を育む教育について述べる。第2章は、このあと第2部として示す授業実践の意義と位置づけを明確にするものでもある。

　具体の実践を捉え解釈するために、教室の中で行われる授業実践がどのような文脈におかれているか（第1章）、どのような理念に支えられているか（第2章）、を見ていく。

第 1 章

浜松市の外国人児童生徒をとりまく状況

　本章では、静岡県浜松市において、外国人児童生徒に対してどのような教育を行っているかを概観する。本書の第2部では、教科学習につながる日本語教育実践の実際として、取り出し授業の様子を紹介するが、それに先立ち、具体的な実践がどのような社会的文脈の中で成立しているのかを理解しておく必要があると考えている。国際化する浜松市の状況と、それに対応して展開する教育施策を踏まえて、第2部の一つひとつの教育実践を読み解いていきたい。なお、日本語指導の対象となっている子どもたちをどのように称するかは重要な問題である。現在の国籍や出自、家庭環境、来日の経緯、子どもたち自身のアイデンティティの在り様などから、よりふさわしい呼称もあろう。しかし、本章では「外国人児童生徒」という呼称を便宜的に用いることとした。浜松市の教育行政の現場で一般的に用いられており、共通理解が得られやすいと判断したためである。

1 ▶ 国際化する浜松市の外国人児童生徒教育

　静岡県浜松市は首都圏と関西圏のほぼ中間に位置する、人口約79万人(2014(平成26)年8月1日現在、791,458人)の政令指定都市[1]で、江戸のころから「ものづくりのまち」として発展を続けてきた。現在は、繊維、楽器、輸送用機器産業が中心の工業都市として発展し、温暖で豊かな気候風土を利用した農業、漁業も盛んな都市となっている。本章では、この浜松市の概況に沿って、市の外国人児童生徒教育の枠組みを捉えてみる。

　まず、基本的な統計資料(p.29参照)から、国際化する浜松市の様子を見てみよう。2014(平成26)年3月現在の浜松市の外国人住民数は32,626人、うち51％がブラジル人、ついで中国(11％)、フィリピン(11％)、ペルー(8％)国籍となっている。浜松市に限らず、全国的にも言われていることであるが、1990(平成2)年に出入国管理及び難民認定法が改正されて以降、南米出身者が増加した。現在も、外国人住民の約半数をブラジル国籍が占めている。しかし、これも全国的な傾向であるが、リーマン・ショックの影響により、離職して移動したり帰国したりする外国人が増加し、全体数は減少の傾向にある。

　こうした中、義務教育年齢の外国人住民数もおよそ同様の動きを示している。2014(平成26)年4月30日現在1,405名が公立の小中学校に在籍しており、これは市全体の公立小中学校在籍児童生徒数の約2％にあたる。在籍数の推移を見ると、1989(平成元)年には32名であったところ、翌年には86名、10年後の2000(平成12)年には724名、2010(平成22)年には1,503名を数えるというように増加してきた。ただ、リーマン・ショックの影響は、当然、子どもたちにも影響しており、2008(平成20)年の1,700名をピークとし、2009(平成21)年1,638名、と漸減している。とはいえ、県内最多であることに変わりはない。子どもたちの国籍の内訳を見ると、ブラジルが最多の787名(約56％)を占め、ペルー、フィリピン、

---

[1] 2005(平成17)年7月に12市町村の合併により人口80万を超え、静岡県第1位となった。2007(平成19)年4月に政令指定都市に移行。

ベトナムと続いている。

　これらの子どもたちは市内150の小中学校のうちの8割にあたる、120校に在籍しているが、そのうち46校は在籍人数が1〜4名、27校は5〜9名で在籍人数が10名に満たない小中学校が約6割となっている。外国人の児童生徒が全児童生徒数の1割から2割を占める小中学校もある[2]一方で、少人数在籍校が市内広域に点在しているというのが浜松市の状況と言えるだろう。浜松市のもう一つの特徴は、日本生まれ日本育ちの子どもたちが増加していることである。これは、家族を伴って来日する永住志向の外国人が増えたことが理由の一つに挙げられよう。2014(平成26)年4月に小学校に入学した外国人児童は148名であったが、このうち91名が日本で生まれており、新1年生の61.5%を占めることになる。

2 ▶浜松市の外国人児童生徒の受入れ体制

　浜松市では、外国人児童生徒が少人数在籍している学校が広域に分散していること、公共の交通機関ではそれらの地域をうまく結べないことなどから、日本語指導が必要な子どもたちへの支援は、支援者が在籍校に派遣され、在籍校で学校が中心となって行う方式が取られている。この体制を取る理由としては、物理的な事情があるだけではない。子どもたちを居住地域の学校から分離せず、その地域において成長を支援していくことの重要性を視野に入れたものとも言える。

2-1　浜松市教育委員会による支援

　市教育委員会が外国人児童生徒に対して行っている教育支援には様々なものがあるが、以下の三つに分類してその実情を見てみる。
(1)　バイリンガル支援者の学校への派遣
(2)　相談員の学校訪問
(3)　NPO法人への委託事業

---

[2]　在籍数の多い小学校として南の星、瑞穂、佐鳴台、葵西小、中学校として江南、開成、佐鳴台、南陽中が挙げられる(2013(平成25)年4月現在)。

この他、県や国からの補助を得て、教員の加配も実施している。2014 (平成26)年度には31校に37名の加配があり、別の教室で取り出し授業などを担当している。外国人児童生徒の多い学校には複数の加配教員が配置されることもあるが、予算との関係もあり各学校に一定数が確保されるわけではなく、年度により変更がある。
　以下、(1)と(2)を見ていき、(3)については次節で紹介していく。

(1)　バイリンガル支援者の学校への派遣

　外国人児童生徒が多く在籍する小中学校には、「外国人児童生徒就学支援員」(以下、就学支援員)を常駐させたり「外国人児童生徒就学サポーター」(以下、就学サポーター)を派遣[3]したりして、学習支援の他、通訳や翻訳を行う支援が行われている。就学支援員はブラジル人児童生徒が多数在籍する特定の学校に常駐し、ポルトガル語とのバイリンガルである。就学サポーターは曜日を固定して週に数回、多くは複数校を担当する。対応可能な言語はポルトガル語が最も多く、その他、スペイン語、中国語、タガログ語、ベトナム語、インドネシア語となっている。2014(平成26)年度の実績を見ると、就学支援員14名が15小中学校に配置、就学サポーター44名が70小中学校に派遣、となっている。

(2)　相談員の学校訪問

　教育委員会の「教育相談支援センター」には外国人児童生徒相談員と協力員が6名常駐し、学校からの要請に応じて学校訪問を行っている。相談員と協力員の身分は、市の非常勤職員または国庫補助金による雇用である。学校を訪問し、児童生徒に対する指導だけではなく、教職員への助言なども行う。必要に応じて、通訳や翻訳の業務(ポルトガル語、スペイン語、英語、フランス語)もこなすことになる。
　この他にも、外国人児童が多く在籍する小学校に算数科の学力と同時に日本語力の向上をも目指した学習支援教室[4]が設置され、週1～2回、

---

[3]　2010(平成22)年度より国庫補助事業。
[4]　JSLカリキュラムに基づき、教科として算数科を取り上げて指導を行うことにより、子

指導補助者が支援している。2014（平成26）年度で6教室あるが、これは2012（平成24）年度までは次で述べるNPO法人への委託事業であったものを、2013（平成25）年度から市教育委員会の事業へと移行したものである。また、中学校には学校からの希望をもとに、教員免許取得者や日本語教師等を、教科学習を指導できる指導補助者として配している。2014（平成26）年度には15校への配置が行われた。

2-2　NPO法人への委託事業

　市教育委員会がNPO法人[5]へ委託して実施している事業の内容は、「日本語・学習支援」と「母語支援」である。日本語・学習支援としては、市内を三つのエリアに分け、各エリアを担当するNPO団体が該当エリアの各学校に支援者を派遣するという方式をとっている。こうした派遣型支援は、学校からの要請を受け、時間割や子どもたちの状況に合わせて、子どもたちの母語が話せるスタッフや日本語教師の資格をもったスタッフが学校に一定期間行って行うものである。初期日本語指導や、授業や放課後における日本語及び学習支援に関して、取り出しや入り込みの形態で行っている。

　母語による支援としては、バイリンガルの支援者が担当する初期適応支援がある。外国人児童生徒が来日した直後や外国人学校から編入学した当初に4時間×10回の生活適応支援と初期日本語指導を行うものである。ポルトガル語の他、スペイン語、ベトナム語、中国語、英語に対応している（2014（平成26）年度現在）。また、「母国語教室」として、ポルトガル語（2教室）、スペイン語、ベトナム語の全4教室を土曜日に開催し、母文化と母語を尊重する意識や態度の育成を目指している。日本生まれの子どもたちが増えたこと、それによって、親子間のコミュニケー

どもたちの学ぶ力を養うことを目指している。

[5]　委託先は、NPO法人浜松日本語・日本文化研究会（にほんごNPO）及びNPO法人 日本語教育ボランティア協会（ジャボラNPO）、NPO法人 浜松外国人子ども教育支援協会の3団体。日本語教育支援はこの3団体が、「母国語教室」は浜松外国人子ども教育支援協会が行っている。支援活動の全体像については、p. 178, p. 179の「支援ネットワークマップ」も参照のこと。

ションに用いる言語はどうなるか、また、子どものアイデンティティや自尊感情を育むにはどうすればよいか、といった問題意識が共有されつつあることが、こうした事業を支えていると言えるだろう。

3 ▶学校内の体制

ここまでは浜松市がつくり上げた支援体制を紹介してきた。では、学校の中ではそれらはどのように運用されているのだろうか。学校現場は教育行政が提供するリソースを現場の事情に即して配置し、効果的な「支援」の場をつくり上げる。ここでは、ある小学校の例を取り上げて、どのようなリソースをどのように適用して子どもたちを支援しているかを紹介したい。外国人児童が多数在籍する、さくら小学校(仮称)でのある一日、ケンジ(仮名)という外国人児童が支援を得ながら、学校でどのように過ごしているか、追ってみよう。

3-1　さくら小学校の支援体制

さくら小学校は浜松市内でも多く外国人児童が在籍している学校の一つである。各学年、各クラスに外国出身の児童や、日本生まれでも両親またはどちらかの親が外国出身の児童が在籍している。最近、フィリピンにつながる子どもたちも増えてきたが、やはり日系ブラジル人が最も多い。このため、教員の加配措置により外国人児童教育担当となった教員が日本語指導にあたり、バイリンガルの就学支援員がポルトガル語を用いて学習支援を行ったり保護者との通訳、書類の翻訳などを行ったりしている。

また、放課後の学習補助や来日したばかりの児童への初期指導を担当してくれる支援者を市の教育委員会に要請し、NPOから派遣してもらっている。これらの人的リソースを活用して、さくら小学校ではどのような体制を組んで外国人児童の支援にあたっているのだろうか。国際教室の時間割から全体の様子を見てみよう。

表1　さくら小学校　国際教室・時間割

	月	火	水	木	金
1時間目	★学習支援	6年・キム	★学習支援		★学習支援
2時間目	1年・ユミコ 1年・ユン	5年・サユリ 6年・ホアン	2年・アントニオ	1年・ユン 1年・チアゴ	3年・ケンジ 3年・マリナ
3時間目	3年・ケンジ	3年・ケンジ 4年・リカルド	1年・ユミコ 1年・ユン 1年・チアゴ	5年・ユウジ	4年・リカルド 4年・ショウ 5年・サユリ
4時間目	4年・ショウ 5年・ユウジ	3年・マリナ	3年・ケンジ 3年・マリナ		6年・ホアン
5時間目	◆初期指導	★学習支援	5年・サユリ	★学習支援	6年・キム
6時間目		◆初期指導		◆初期指導	◆初期指導
放課後		◎宿題支援		◎宿題支援	

　このように、さくら小学校では国際教室へ子どもたちを取り出して行う日本語指導を中心に、母語を用いての初期指導、算数科を取り入れた学習支援を行っている。さらに、放課後に行う学習補助として宿題への支援も取り入れ、子どもたちの様々な状況に対応できるようにしている。次に、一人の児童の例から、改めてこの学校の支援体制を見てみる。

3-2　ケンジの一日

　ケンジは、日本で生まれ、現在、さくら小学校の3年生に在籍している児童である。家庭では両親とポルトガル語で意思疎通を図っているが、3歳年上の兄とはほとんど日本語で話し、学校では先生とも友だちとも日本語で問題なくやりとりをしている。ただ、授業中、学習活動に参加できなかったり、先生の話を聞かずに作業を諦めてしまったりすることがある。3年生になって、算数も難しくなり、2年生の漢字の読み書きも全部はできていない。こうした様子から、学校側は日本語や教科の面で、ケンジになんらかの支援の手立てが必要だと判断した。

　毎朝、ケンジは登校すると他の児童と同様に在籍学級、つまり3年1組の教室に行く。しかし、曜日により時限により、別の教室に行くときがある。それが国際教室や学習支援教室で、ケンジの他にも何人かの外

国人児童が、いろいろな時間にそうした学級に参加してくる。いつも同じ児童が参加するわけではなく、たとえば、4年生のリカルドは、火曜の3時限目はケンジと一緒だが、翌日は来ない。ケンジは週に4時間、国際教室に参加するが、リカルドは2時間で曜日も違う。表1として示したように、さくら小学校では、外国人児童一人ひとりに自分の「時間割」があるのである。

表2　ケンジの一日(火曜日)
登　校
朝の会
1時限目……3年1組
2時限目……3年1組
3時限目……国際教室
4時限目……3年1組
給　食
5時限目……学習支援教室
終わりの会
放課後………宿題支援
下　校

　ケンジは火曜の3時限目は国際教室で国語の学習をする。国際教室で学習した内容は3年1組に戻った後、もう一度、クラスのみんなと一緒に勉強できるから1組の勉強がよくわかるようになり、手を挙げて発言もできるようになってきた。国際教室担当の先生はさくら小学校の先生なので、3年1組でケンジがどこまで勉強したかをよく知っている。そして、火曜は5時限目に学習支援教室もある。この教室は国際教室とは別の部屋で、複数の先生たちが子どもたちとほぼ一対一になって、算数でわからないところやできなかったところを教えてくれる。実は、先生たちはさくら小学校の先生ではないのだが、ケンジにとっては同じ「先生」だ。

　終わりの会の後、ケンジはもう一度、国際教室に行く。今日は火曜日で、火曜日と木曜日は宿題を手伝ってくれる人が来る日だからだ。もちろん、国際教室の先生も教室にいるが、いろいろなおじさんやおばさん、お兄さんやお姉さんたちが、教室に来る子ども一人ひとりの宿題を一緒に考えてくれる。家に帰ってもなかなか教えてもらえないので、宿題やドリルを一緒にやってくれる人が学校に来る日は、リカルドたちと遊ぶ時間が短くなっても、ケンジは放課後、忘れないように教室に行くことにしている。

3-3　学校における支援の場の構築

　さくら小学校でケンジがこのように支援を受けながら過ごしているのを見ると、学校が外部からの支援を受け入れ、体制として整えていくことに加えて、教員の役割もまた重要であることがわかる。ケンジの在籍するさくら小学校の例では、支援体制を整え、維持していく中心になっているのは国際教室の教員である。学校により、どの立場の教員がこの役割を果たすことになるかは異なるのが現状であるが、担当者の課題は共通していると言えるだろう。まず[6]、外国人児童生徒を支援するために利用できる、どのようなリソースがあるのかについて知る必要がある。教育行政が準備している公的な制度であったり、NPOやボランティアグループが提供する支援であったり、その種類は様々であろう。ケンジの小学校の例では、国際教室の担当教員自身が加配措置による正規の教員であり、算数の学習指導と放課後学習支援は、それぞれ別の立場からの支援である。

　担当者は、利用可能なリソースが手近にあるかどうか、情報を得たのちにはそれらを取り入れられるように図らなければならない。一人の担当者の判断で動かせることは少なく、管理職の理解を得、同僚との合意形成を経ながら、学校内部に支援体制をつくっていく。ケンジは在籍学級の3年1組ではなく国際教室で学習する時間が週5時間、学習支援教室で学習する時間が週2時間あるが、この時間は在籍学級に出席したと見なされる。

　多様なリソースがあっても、それぞれの場での学習を連携させていかないと、結果として効果的な支援にはなり得ない。担当者がいかにコーディネートできるか、にかかっている。ケンジに関わる支援者は、在籍学級の担任、学習支援教室のボランティア、放課後学習支援のボランティアが中心にはなるが、他にも、バイリンガル支援員や管理職、3年生の他の教員も含めて考えれば、学校全体が支援の場となっている。こ

---

[6] 実際は、どの児童生徒に支援が必要か、という見極めから求められる。ただし、その判断基準として標準化されたテストや評価ツールがないのが現状であることと、ここではこの点について議論を深める紙幅がないことから、情報収集の必要性から説明する。

の支援全体のコーディネートもまた、担当者が担う役割であり、課題となっている。

4 ▶浜松市の外国人児童生徒の支援ネットワーク

ここまで述べてきたように、浜松市では、地域の実情と子どもたちの状況に合わせられるように、様々な受入れ体制、支援体制を整えてきた。他の地域と比較すると豊富な人的リソースを準備し、活用しているとも言えるだろう。市民の育成を目指すという教育目標のもとでは、これらの支援体制が有機的に結びついて、就学から進学、社会参加という局面をつなぎ、児童生徒の成長を中長期的に支えるものとなっていく必要がある。

4-1 就学を促す試み

1でも紹介したが、浜松市では日本で生まれ、日本で育つ子どもたちが増加している。そこで、就学前支援[7]として小学校入学前の子どもや不就学、編転入した子ども、保護者に向けて「就学ガイダンス」を行うことで、小学校への就学を促している。このガイダンスは教育相談支援センターにおいて、相談員が実施するもので、来所者の相談に応える形の教育相談と位置づけられる。小学校に関する説明のみならず、日本滞在の予定と照らし合わせて、見通しをもった学校の選択(公立校か外国人学校か)と言語の選択(どの言語で学習するか)ができるようにアドバイスを受けることも可能である。日本語や日本の事情に不慣れな保護者にとって、日本の学校制度がよくわからない、子どもがいじめられるのではないか、勉強についていけるのだろうか、と就学を不安に思う要因は少なくない。こうした保護者の不安を軽減し、子どもたちが小学校で

---

[7] 就学前支援としては、ここで述べた「就学ガイダンス」の相談体制の他にも、小学校入学予定の家庭に呼びかけて通訳付きの「入学準備ガイダンス」を開催している。この他、財団法人浜松国際交流協会(HICE)主催の「外国籍児童就学前学校体験教室「ぴよぴよクラス」」などもある。

の生活に興味をもてるようにすることが就学ガイダンスの目的である。と同時に、就学前後に子どもたちが不就学に陥らないように、未然の拾い上げの機能も担っているといえよう。

　不就学についていえば、2007(平成19)年に公表された文部科学省の調査結果[8]では、集住地域とされる12の自治体で就学年齢人数の1.1％が不就学であった。浜松市においても、就学年齢の児童生徒が就学せず、在宅のまま弟妹の世話をしたりしている事例が報告されていた。こうした不就学もまた、外国人児童生徒教育における大きな問題と言えるだろう。浜松市では、不就学への対応として、公立小中学校の受入れについて説明したチラシを作成し、配布を行っている。配布、配置する場所としては、市内に4校ある外国人学校、区役所の窓口、多文化共生センター、ハローワーク、エスニックレストランなど外国人住民が多く集まる場所や、外国人住民が集住して居住する地区の自治会にもチラシの配置を依頼している。この他、家庭訪問や電話での呼びかけなどきめ細かな対応[9]も試みられている。

　また、国際移住機関(IOM)による「定住外国人の子どもの就学支援事業」(「虹の架け橋」事業；p.215参照)を2009(平成21)年度から受託し、不就学の子どものための教室を運営している。2010(平成22)年度4月には、高丘地区[10]の教室(クラッセ『ニジ』)から公立小学校へ3名、ブラジル人学校へ1名が編入し、1名が高校進学を果たした。

4-2　高校進学を支える試み

　浜松市の外国人生徒の高校進学率は、ここ数年、徐々に上がってきており、2009(平成21)年末で約77％、2014(平成26)年末で約84％であった。しかし、市全体の統計を見ると97.8％(2009年末)となっており、日

8　「外国人の子どもの不就学実態調査」2007(平成19)年7月、文部科学省
　http://www.mext.go.jp/a_menu/shotou/clarinet/003/001/012.htm　(2014年8月31日アクセス)
9　2011(平成23)年、就学年齢の外国人登録者数から公立小中、私立中、外国人学校の在籍者数を除いた727名を「推定不就学」とし、戸別訪問を実施し聞き取りと面談を行った。その結果、対応できた96名中48名が就学に至った(静岡新聞)。
10　市内の大平台地区に移転。この地区には単位制高校があり、外国人生徒が多く通学する。

本人生徒と比較すると依然低い数値であることがわかる。また、入試に学力検査を適用しない定時制への進学が占める割合も高く(36%)なっている。

外国人生徒の進学を支える試みとしては、「進学ガイダンス」があり、2012(平成24)年度は全国17都府県で実施されている[11]。浜松市でも外国人児童生徒や保護者を対象に、浜松NPOネットワークセンター(「N-Pocket」)が進路ガイダンスを開催し、教育制度に関する説明、高校に入学した先輩生徒の体験報告や教育相談を行ったり、高校進学ガイドブックを作成したりしていた。

県においても静岡県教育委員会が、2009(平成21)年度、県の外国人児童生徒及び保護者に高校の制度や入学試験等について、情報提供を行い、中学校における進路指導に活用できるような『高校進学ガイドブック～静岡県版』(6か国語)を作成した。これは、「N-Pocket」に委託し、県が内容を監修したものである。

ガイダンスももちろん重要であるが、外国人生徒にとって、高校の選抜試験は敷居の高いものであることは否めない。外国人生徒に対する入試の特別措置や特別入試枠[12]を設けているかどうか、全国の都道府県教育委員会から得た情報がある。これを見ると、静岡県においては全日制にも定時制にも入試の特別措置は設けられていない。特別入学枠としては県下9校に「定員若干名」として枠が設けられており、滞日年数の制限はあるが、日本語基礎力検査と面接による選抜で合否が決まる。入学の実績を見ていく必要があるが、外国人生徒の進路が徐々にでも開かれていくきっかけとなっていってほしい。この他、浜松市には2007(平成19)年度、外国籍生徒を対象に、浜松市立高校インターナショナルクラスが開設された。大学進学を視野に入れ、出身国と日本をつなぐ人材を育成し、外国人生徒のロールモデルを輩出することを目指している。

---

[11] 中国帰国者定着促進センター　ホームページ参照。

[12] 入試特別措置は、一般入試を受験する際になんらかの措置(例：時間延長、ルビ付き、用紙の拡大コピー、別室受験、注意事項の母語表記等)を受けられる場合の措置を指し、特別入学枠は、特定の高校に外国人生徒を対象とした入学枠があり、特別な試験(例：学力検査は作文と面接のみ等)を受けられる場合の枠を指す。

4-3 ネットワーキングの観点から

　就学ガイダンスや進学ガイダンスの試みは、外国人児童生徒の学習を中長期的に支え、児童生徒が市民として社会参加ができるよう、縦の、時間軸に沿った支援を構築している。子どもたちが成長して進級進学を果たせば、在籍する校種も変わる。小学校での支援がどのようなものであったかを中学校に伝えることができ、中学校ではどのように学習を継続できたかを高校に伝えられるならば、時間軸に沿った支援がより具体的なものとなる。ネットワーキングの観点からは、ガイダンスはこうした縦の支援をつくり出すきっかけになり得ると思われる。また、ガイダンスを実施することによって、拠点となる機関には相談や情報提供の制度を整えることが求められ、関係の他機関や他部署との連携も期待されるだろう。こうした横のネットワーキングを強化することもまた、期待されている。

　外国人児童生徒を支援する支援者間の連携を図ることも、横方向のネットワーキングの例である。浜松市内では大学やNPOなどの様々な機関が研修を主催し、様々な立場で子どもたちを支援する支援者の育成や資質向上を目指している。外国人児童生徒を担当する教員を対象とした研修も実施されている。市教委とは別の組織ではあるが、教員の研修組織として「浜松市教育研究会外国人指導研究部」もあり、2004（平成16）年度から教科指導を中心にした研修を行っている。成果の一つとして、「外国人指導ヒント集」、「小中学校の一日」（DVD＆手引き）等のプロダクツがあり、市立の全小中学校に配布されている。さらに、文部科学省の「帰国・外国人児童生徒受入促進事業」に関わる実施内容として、「浜松市外国人子ども支援協議会」が2007（平成19[13]）年度から立ち上がった。協議会においては、現状把握と情報交換が進められているが、委員として様々な立場の人が加わっていることが重要であり、ここにも、横方向のネットワーキング構築の動きが伺える。

---

[13] 2007（平成19）～2009（平成21）年度は国の委嘱に基づく事業であったが、2010（平成22）年度からは国庫補助事業となって進められている。

5 ▶ 今後の展望

　浜松市においては、外国人児童生徒の直面する現状を把握しつつ多様な支援対策を講じてきている。その成果として、子どもたちの学力の向上が図られ、登校する意欲が出てきて欠席が少なくなったといった成果も聞こえてくる。しかしながら、日本語による会話はできても、学校での学習に困難を感じる子どもが少なくないこと、子どもも保護者もなかなか見通しをもって「将来」を設計できないことなどが依然として課題として認識され、課題解決のためにも、バイリンガル支援者や日本語支援者など、広く支援に関わる人材の確保と育成が求められている。

　ただ、支援のためのリソースが拡充できたとしても、広域な市内において、多様で複雑な背景をもち、頻繁な移動を伴う外国人児童生徒に対して、対症療法的な支援を継続していても、課題解決にはなかなか結びつかないであろう。浜松市の現状と特徴を生かした、一貫した支援体制の確立が求められる。市内のどこで育っても偏りなく、子どもたちが生き生きと学べるような体制が「浜松方式」として拡充できることが望まれる。もちろん、外国人児童生徒教育の問題は市だけで対応するには限界があり、国レベルでの教育政策、施策の充実や法整備を含めた包括的な対応の充実もまた、浜松市における外国人児童生徒の状況を改善していくためには必須のものとなっている。

　2014(平成26)年4月には、日本語指導が必要な児童生徒を対象に「特別の教育課程」を編成・実施する施策が文部科学省から出された[14]。外国人児童生徒に対する日本語指導を学校教育の課程の中に位置づけたものとして注目されるが、どのような指導体制を組織し、どのような方法で何を行うか、具体的には各地域と学校現場が担っていく。多様な支援と人材の蓄積を活力として、浜松市の今後の外国人児童生徒への支援体制はどのような展開を見せるであろうか。これまでの蓄積を正規の課程に位置づけ、ネットワーキングを強固なものとして効果的な指導を構築

---

[14] 「日本語指導が必要な児童生徒を対象とした「特別の教育課程」の編成・実施について」はp.11を参照のこと。

することが、「特別の教育課程」を実施する上で重要になってくると思われる。

参考資料

浜松市 ホームページ
　　http://www.city.hamamatsu.shizuoka.jp/
浜松市教育委員会 ホームページ
　　http://www.city.hamamatsu.shizuoka.jp/kyoiku/kyoiku/index.html（2014年5月13日アクセス）
浜松市教育研究会 ホームページ
　　http://h-kyouikukaikan.eco.coocan.jp/kenkyukaiHP/33gaikokujinshido/gaikokujinnsidou-index.html
中国帰国者定着促進センター ホームページ
　　http://www.kikokusha-center.or.jp
2010年調査　都道府県立高校の中国帰国生徒及び外国籍生徒への2011年度高校入試特別措置等について
　　http://www.kikokusha-center.or.jp/shien_joho/shingaku/kokonyushi/other/2010/koko-top.htm
文部科学省「クラリネットへようこそ」
　　http://www.mext.go.jp/a_menu/shotou/clarinet/main7_a2.htm（2014年5月13日アクセス）
『静岡新聞』2011（平成23）年12月10日（土曜日）　29面【特集】　NEWS交差点「県内外国籍の子　全員を学校へ　浜松市が不就学ゼロ作戦」

第 2 章

日本語教室における外国人児童生徒の学習支援
―第2部の授業実践を読み解くために―

　学校現場では外国人児童生徒への日本語教育や学習支援は、どのような内容で、どのように行われているのであろうか。この章では、まず、外国人児童生徒教育の理念について検討した上で、日本国内の学校で実施されている日本語指導・学習支援の全体像を捉える。次に、浜松市の外国人児童生徒に対する日本語指導のコース設計や、個に対応した指導内容について、遠州浜小学校と瑞穂小学校の例を示す。そして、第2部の浜松市の小中学校の実践を読み解くための授業の見方について述べる(その取り組みの中核となっている「JSLカリキュラム」(文部科学省)の紹介を含む)。

1 ▶ 子どもたちへの日本語教育の現状—多様な子ども・教師・学校の状況—

　日本国内で日本語教育の対象となる子どもたちの年齢は、幼児から高等学校年齢までと幅広く、心身の発達の状態には大きな違いがある。来日年齢、滞日期間も違えば、言語文化背景も違い、出身国・地域で受けてきた教育年数や教育内容も異なる。また、置かれている学習環境も生活実態もそれぞれである。近年は、日本生まれの子どもや国際結婚家庭の子ども、いくつもの国や地域を移動してから日本に来た子ども等が増え、子どもたちの言語文化背景は一層複雑で多様になっている。そのため、外国人児童生徒を対象とする教育・支援は、子どもたち一人ひとりの状況を把握することからスタートし、個々の状況に応じてコース設計をし、学習指導計画を立てて実施することが求められる。

　また、地域や学校によって外国人児童生徒の受入れ体制や組織の整備状況も異なる。制度的には、平成26(2014)年4月より、学校における日本語指導が「特別の教育課程」として認められるようになった[1]が、正規の科目としての「日本科」ではない。そのため、教科科目の「学習指導要領」にあたるような「準拠しなければならない教育課程」はなく、教育の内容も方法も、実施する学校や教師に任せられている。にも関わらず、外国人児童生徒の教育に必要とされる知識・技能等について学んでいる教員はいまだ少なく、担当教員が一人思案に暮れているという話をよく耳にする。一方で、子どもたちへの地域の学習支援活動は、年々活発になってきており、地域の資源を生かした支援ネットワークを形成して、指導・支援を行う学校もある。このように、子どもたちが多様であるばかりでなく、各教育現場の状況や条件も、担当する教員の経験も異なっており、結果として、学校現場の日本語教育には、学校間格差・地域間格差が広がっている。

　そうした中、多くの担当教員は、子どもが文化間を移動することによって遭遇する様々な摩擦や葛藤に、適切に対応し、子どもたちが健や

1　文部科学省HP　http://www.mext.go.jp/a_menu/shotou/clarinet/003/1341903.htm（2015年3月31日アクセス）

かに成長できるようにと心を砕いている。また、地域の支援者と連携しながら、「より豊かな学習環境をつくろう」「移動によって分断されがちな学びをつなぎ合せよう」と取り組む教員も少なくない。しかし、残念ながら、その取り組みの成果は、教育経験を蓄積していくための制度的なしくみがないために、各現場に閉じられ、なかなか他の現場・教員、地域に伝わっていかない。

　制度面の整備に関しては、国・県・市町村の課題として、改変を強く求めていく必要があるが、ここでは、各地の現場で奮闘している先生方の実践をもとにしつつ、言語教育に関連する情報を加えて、外国人児童生徒への日本語及び教科学習支援の内容と方法を整理する。

2 ▶文化間を移動している子どもへの日本語教育—ライフコースという視点から—

　現在、国内の外国人児童生徒への日本語教育は、海外の小中学校で行われている「外国語としての日本語」教育とは異なる使命を負っている。「子どもから成人へと成長する過程における言語教育である」という成長・発達の視点（石井 2009）、そして、言語及び認知的側面の発達のみならず、身体的発達や社会化の過程として成長を捉えるライフコースという視点（池上 1998，齋藤 2011）が重要となる。ライフコースは、社会文化的、生物的、心理的力が継時的に相互作用する人間発達のプロセスに、社会構造が構成要素として大きな役割を果たして形成される（齋藤・本田 2001）。人としての成長に文化間移動が及ぼす影響を考えるとき、社会的要因をも射程に入れるライフコースという見方から多くを学ぶことができる。

　社会化のプロセスにおいて、子どもたちのことばの力は、他者との関係を築き文化間の差異を調整する力として、社会を批判的に読み解くための力として、アイデンティティの形成や自己実現のための力として機能する。こうした力として日本語の力を育むには、日本語の習得とともに子どもたちがこれまでに家族とともに母国・地域で形成してきた関係性を維持し、培ってきた力や経験を積極的に意味づけ、継続的に伸ばす

ことも必要である。さらに、かれらのもう一方の言語・文化である母語・母文化を重視し、公的場面において価値付与することを併行して行うことが日本語教育には期待される。

2-1　日本語でのコミュニケーション力と文化間の差異の調整

　外国人児童生徒は、母国から日本へ、あるいは第三国から日本へというように、国の間を移動している。日本生まれの子どもたちの場合は、自分自身は直接移動していないが、親世代や祖父母世代が移動しており、家庭ではその民族言語や文化の中で生きている。また、日本での生活では、「家庭」－「学校」－「地域」と、異なる文化を有する空間の間を行き来し、その移動のたびに、移動先の文化に合わせて行動している。無意識かもしれないが、子どもたちは日々、文化的差異の調整をしながら生きているのである。その営みを通して、それぞれの文化空間で学び、身につけたものを融合させながら、自分なりの文化を形成している。その文化は、親世代とも、また、日本人の同年齢の子どもたちとも異なる「多元的な文化」（佐藤 2001）となる。

　文化的差異の調整では、言語によるコミュニケーションが大きな意味をもつ。来日直後は、日本社会で、そして日本の学校で生活を送るために、つまり「生活適応」のために日本語の力が必要になる。日常の健康・安全に関わる具体的な問題を解決し、周囲との関係づくりを円滑に進めるための力である。まずは、身近な相手との間で具体的な事柄について口頭で伝達する力、いわゆる「生活言語能力」（詳しくは2-2）の力が求められる。また、日本人にとっては「当たり前」の行動を不快と感じることや、無意識に行ったことが文化的差異により誤解を受けることもある。このような葛藤や摩擦が生じたとき、日本語でコミュニケーションができれば、相手の意図や考えを理解した上で「不快」という感情をコントロールできるかもしれないし、相手の誤解を解くことができるかもしれない。

　子どもたちの保護者に関しては、日本の学校文化についての経験や知識が少ない場合が多い。日本人家庭の子どもであれば親に任せる生活面の課題に関しても、学校や支援者が見守りながら必要に応じてサポート

をすることが期待される。子ども自身が、自分の生活面の問題や課題を解決するために情報を得たり意志を伝えたりする力としても、日本語でのコミュニケーション力を育むことが日本語教育には求められる。

2-2　認知発達を支える言語の力としての日本語

　「ことばは、感情や認識と深く絡み合いながら、「人」として生きていくことを可能にする」(内田 1999: 1)。学齢期の子どもたちにとって、言語を獲得することは成長・発達そのものであり、感情も行動も思考も、ことばを介して周囲の仲間や大人と関わりながら発達させていく。知的な関心事について探究し、新たな知識を獲得するプロセスで、コミュニケーションの道具として機能した言語は、内在化し、思考や行動をコントロールすることばとなる(ヴィゴツキー 2003)。子どもたちは、仲間との学習活動と個人の学習活動を様々につなぎ合わせながら、高次の思考を支える言語の力を育んでいくのである。

　日本でも、2言語併用下にある子どもたちの言語の力について、カナダのバイリンガル教育の専門家であるジム・カミンズの「生活言語能力」と「学習言語能力」のモデルが広く知られるようになった。学習言語能力とは、教科等の学習に参加するための言語の力であり、言語以外の場面的状況からの情報がない状況、つまり文脈への依存度の低い中で、認知的必要性の高い活動を行うときに必要となる(カミンズ・中島 2011)。相手の表情・身振り等の言語以外の情報がないところで、比較したり分析したり、推論したり関連付けたりといった思考をすることばの力である。それに対し生活言語能力は、親しい人との対面でのおしゃべりのことばの力であり、その場にある事物や状況、ジェスチャーや指さし等の、場面からの情報に依存し、複雑な思考が必要ない会話などで発揮される[2]。

---

[2]　生活言語能力はカミンズの Basic Interpersonal Communication Skills、学習言語能力は Cognitive Academic Language Proficiency という言語能力を捉える概念のことである。その言語が使われている社会で生活しているのであれば、前者は1～2年で、後者は5～7年で獲得されるという。ただし、近年、カミンズはバイリンガルの子どもの言語の力を① Conversational Fluency ② Discrete Language Skills、③ Academic Language Proficiency という三つの側面に分けている。①が生活言語能力に、③が学習言語能力に該当し、②は音韻や文字表記、語彙、文法等の技能を指す。

思考のための言語の力を育むためには、日本語の発音、文字・表記、語彙、文法といった基礎的な知識・技能の学習はもちろん重要だが、それだけでは不十分である。課題を探究する活動に参加し、その過程で言語を使って思考し、判断する経験を通してこそ培える。たとえば、算数や社会科等の内容に関し、課題を把握し、考え、判断するといった一連の活動に日本語を利用して参加することによって高まるのである。

　また、まとまりのある内容について読んだり書いたりする書きことばの力も、思考を支える言語の力の発達のためには重要である。母語話者であっても、話しことばから書きことばへの移行は大きな課題だと言われる（岡本 1985）。文字を覚えさえすれば、すぐに書きことばの力を獲得でき、文章を綴れるわけではない。外国人の児童生徒の場合には、話しことばと同時に書きことばの獲得が求められるため、その困難さはさらに大きい。文字だけではなく、文章を読む・書くという活動を意識的・計画的に行い、書きことばを発達させることが必要なのである。

2-3　言語学習と「明日の自分像の形成」
―アイデンティティ・自己実現を支える―

　日本での生活に適応し、日本語で教科学習ができるようになったとして、その力を子どもたちは自分の将来設計のために利用することができるだろうか。日本語は単に生活や学習のための道具ではない。生活や学習を通して、子どもたちが「自分とは何者であるのか」というアイデンティティに関わる問いに向き合いながら、日本語の力は育まれる。この子どもたちにとって、言語の力とは、家庭内で育まれる母語の力と、日本社会で育まれる日本語の力、あるいはこれまでに経由してきたその他の地域の言語との総合的な力を指し、どの言語もアイデンティティを形成する要素となっている（川上 2013）。

　自己形成のための資源として日本語を意味づけるには、子どもたちが自分の出自を歴史的社会的状況に照らして理解し、家族と自分との関係を再構築した上で、これからの自分を展望する機会が必要である。それは、自身が継承している民族言語・文化への理解を深めることにもな

る。

　将来的には社会の一員として自己実現するために日本語は生かされる。自身の将来像を描き、そのためにどのように歩むのかを考えるとき、日本語を学ぶことに意味づけが起きる。たとえば、中学・高等学校卒業の時期を日本で迎える場合、進路選択という現実の問題に直面するが、それがまさにそのときである。ことばは自己実現やキャリア意識の形成にも通ずる力として学ばれる。

3 ▶ 日本語教育の内容と方法 ―「日本語」プログラムとコース設計―

　学校で日本語教育を行う場は、一般には「日本語教室」「国際教室」と呼ばれる子どもたちを取り出して指導する教室である(呼び名は、自治体や学校によって異なる。以下「日本語教室」)。日本語教育は、外国人児童生徒の「これまで」と「これから」を、心身の発達や社会化の過程と社会の構造との関係などからトータルに捉えた上で、目的を設定しコースを設計して実施することが必要である。ここで、まず日本語教室で実施されている「日本語」のプログラムについて説明し、次に浜松市内の二つの小学校で実施されたコース例を紹介する。

3-1 「日本語」プログラムのタイプ[3]

　日本語教育のコースは、いくつかの内容をプログラム化して組み合わせ、設計する。日本語教室で実施されている日本語のプログラムを6タイプ紹介する。

① **生活面の適応を支える…「サバイバル日本語」プログラム**
　生活面での適応のために、来日直後の子どもたちを対象に実施される日本語教育のプログラムが「サバイバル日本語」プログラムである。学

3　プログラムのタイプ及び、その内容と方法については、文部科学省「外国人児童生徒受け入れの手引き」http://www.mext.go.jp/a_menu/shotou/clarinet/002/1304668.htm (2014年8月アクセス)、齋藤他(2011)をもとにした。

校生活では、「健康」「安全」「関係づくり」「学校生活」に関わる場面で日本語の理解が求められる。たとえば「健康」に関しては、自分の健康状態を伝えるために「おなか、いたい」と声に出して伝えることを学ぶ。また、アレルギーのある子どもには、「たまご、だめ。アレルギー」という表現などを、「学校生活」に関わる給食場面の会話として練習する。いずれも、単に日本語の知識を学ぶのではなく、場面に応じて、日本語を使って目標行動を達成することがねらいである。そのため、具体的な場面とそこで使われる日本語表現を組み合わせ、丸ごと聞いたり話したりする活動で構成する。

② 日本語の基礎的な力を養う…「日本語の基礎」プログラム

日本語の発音、文字・表記、語彙、文型・文法を指導項目とし、体系的に学習するプログラムである。子どもたちの認知的発達の状況や、社会的経験によって、指導内容も方法も大きく変える必要がある。小学校中学年ぐらいまでは、言語を分析的に捉える力が十分には発達していないため、言語の形や文法規則に関する知識を与え、それを応用させる演繹的な指導方法は適さない。子どもたちが興味・関心のあるトピックを巡って日本語を繰り返し聞いたり話したり、読んだり書いたりする活動への参加を通して、付随的に日本語の知識とそれを運用する力を身につけられるような教え方が適している。

小学校高学年以上になり、帰納的に言語規則を見つけたり、規則を演繹的に応用したりする力が発達してきたら、文型等に焦点を当てた学習も有効になる。その場合、一般には、単純で短い項目から複雑で長い項目へと、学習項目を並べて、その順に教える。発音は清音から濁音・半濁音そして特殊音へ、文字・表記はひらがなからカタカナそして漢字へ、語彙は身近な具体物から抽象的な語へ、文型は名詞文・形容詞文から動詞文へ、また、単文（述語が一つ）から複文（述語が二つ以上）へと学習を進める。

実施にあたって留意したいことは、その文型を含む表現をどのような場面で活用できるのかを、言語活動への参加を通して理解できるように

することである。場面設定では、どんな目的で、誰に対して、どのような内容を伝達するのかを明確にし、相手や場面によって使う表現が異なることなども併せて学べるように設定したい。

③ **まとまった内容を理解し表現する力を高める**
　　　　　　　　　　　　　　…「技能別日本語」プログラム

　1文単位の学習のみでは、まとまりのある内容の会話や文章を、理解し表現する力を十分に育成することは難しい。そこで、文字の読み書きができ、日常会話がある程度できるようになったら、発話を連ねたまとまりのある会話と文章を扱う「技能別日本語」プログラムを導入することが望ましい。特にまとまった内容を読んだり書いたりするための書きことばの力を、意識的計画的な指導によって育むことが求められる。なお、小学校の低学年は、体験的具体的な活動を通して4技能を総合的に伸長する方法が適しているので、日本語基礎のプログラムの中に、積極的に文章の読み書き活動を配置して実施することが望ましい。

④ **日本語で教科の学習活動に参加する力を育む**
　　　　　　　　　　　　　…「教科と日本語の統合学習」プログラム

　サバイバル日本語や日本語の基礎の学習などで、日本語のコミュニケーション力が一定程度身についたら、日本語で教科内容を学習するプログラムを導入することが望まれる。「教科と日本語の統合学習」(あるいは「日本語と教科の統合学習」)と呼ばれるプログラムである。文部科学省の「学校教育のためのJSLカリキュラム」も基本的には同じ考え方で開発されたものである。このプログラムの特徴は、教科内容の理解と日本語の力の伸長という二つの目標を設定し、教科と日本語を横断するクロスカリキュラムとして実施することである。教科内容を取り上げ、その学習に参加するために必要となる日本語を設定し、授業を組み立てる。詳しくは4で紹介する。

⑤ **在籍学級の学習内容を補う…「教科の補習」**

　この指導は、外国人の子どもが在籍する学級担任からの要請で実施されることが多い。たとえば、在籍学級で学習したワークシートを完成する。宿題の計算プリントを解く、在籍学級で課された作文を書く支援をする。在籍学級で理解できなかった内容を、もう一度説明する等である。基本的には、在籍学級の教科の進度に合わせ、取り出しの日本語の時間に補助するという位置づけの内容である。

⑥ **国際理解、アイデンティティ・キャリア形成を支援する**
　　　　　　　　　　　　　　　　　　　　…その他のプログラム

　外国人児童生徒のライフコースに目を向け、日本語教室においても、アイデンティティ・キャリア形成、周囲の日本の子どもたちの国際理解といった教育活動に積極的に関わりをもちたい。特に、近年増えてきた長期滞在化する外国人の子どもたちの場合は、生涯にわたって日本で生活し生きていく可能性が高い。かれらを社会に送り出す責任は、まずもって親にあるが、成人してから日本にやってきた親世代は、日本の進学や就業のしくみについて知らないことが多い。そのため、子どもたちにキャリアの可能性を十分に描いて見せることが難しい。日本社会でキャリアを切り拓いていこうという子どもたちに、アイデンティティを形成し、社会参画につながる道を照らし導くことが、学校や地域社会に期待される。また、学校や教師の役割の一つに、少数派である子どもたちの存在が学校の中で十分に理解されるように、代弁者として、周囲に適宜情報を提供することがある。周囲の日本人の子どもたちが多様な言語文化背景をもつかれらとの関わりを通じて多様性への寛容度を高めるような活動を、「国際理解教育」に関連付けて行うことが期待される。また、言語的文化的少数派や社会的弱者の存在に注意を向けるような学習を「人権教育」等で実施することなども考えられる。

　日本語教室では各プログラムを、①子どもの実態、②日本語教育のための時間数と期間、③担当者の専門性と配置に応じて組み合わせて、

コース設計を行い、日本語教育を実施している。②と③の条件によっては、6タイプのプログラムを全て実施することが難しい場合がある。また、教科に関わる「教科と日本語の統合学習」は在籍学級の学習と連動させて実施することも多い。「技能別日本語」プログラムは、在籍学級の国語科で、外国人児童生徒に配慮した授業を行うことによって実施することも可能である。

　コースを設計し、実施するにあたっては、目前の子どもたちの生活や学習の必要性に応じて、プログラムを組み合わせ、学習する項目の選択と指導の順番を決定することが必要である。また、子どもたちは、クラスの友人や先生とのコミュニケーションを通してシャワーのように日本語を浴び、日本語の語彙・表現を自然に身につけている場面も多い。それを十分に評価し生かした上で、意味や文法に関する正しい情報を提供し整理することが教師の仕事となる。設計後もプログラムを常に点検し、スパイラルに連なり蓄積されるように、学習項目の並べ替えや、他プログラムとの関連性を検討することが重要である。

3-2　コースの設計―浜松市内の二つの小学校の例から―

(1)　浜松市立佐鳴台小学校の日本語コースのデザイン

　佐鳴台小学校(平成24(2012)年)の、外国人児童のための日本語コースについて紹介する[4]。「ふれあい教室(取り出し指導を行う教室名)」では、ねらいを、「日本の文化や習慣に慣れ、日本語を理解し、在籍学級での学習に参加できるようにする」こととし、次のような流れで指導が行われた。

4　平成24(2012)年度当時、佐鳴台小学校で日本語指導担当教員として勤務していた桜井敬子氏から提供いただいた資料をもとに概要を示す。桜井敬子(2012)「H24佐鳴台小学校の外国人指導について」「外国人のための日本語指導」『佐鳴台小学校教育実践計画』pp. 18-20.

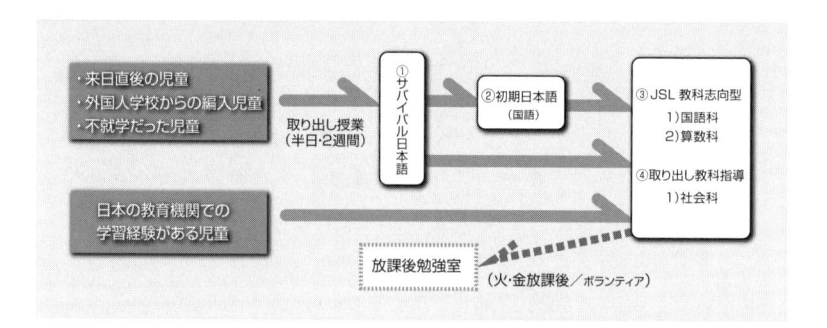

図1　佐鳴台小学校における日本語コースのデザイン（日本語指導の基本的な流れ）

① サバイバル日本語

　編入後2週間の午前中に実施する。「見たり聞いたりしてわかり行動できる」ことを重視する。この2週間で大まかな日本の習慣や学校のきまりの理解を促し、学校生活を送るための行動力を養うことを目的とする。

② 初期日本語（日本語基礎）

　2週間のサバイバル日本語の学習後に4カ月間実施する。国語の時間を全て取り出し、ひらがな・カタカナなどの文字指導を始め、授業の中で必要とされる受け答えの仕方や単文での作文指導・文法指導を行う。生活面との関連付けも意識して行う。

③ JSL 教科志向型（教科と日本語の統合学習）

1）国語科：1～4年生を対象に実施する。1～2年は、国語科の全時間を取り出し、当該学年の教科書を使い、在籍学級と同じ進度で行う。語句の意味や新出漢字を教え、教材文の内容を理解させることを目指す。5～6年については週に1～2時間程度取り出しを行う。わかりやすい日本語を使ったり教材を工夫したりして、内容理解を補助する。

2）算数科：週1～2時間程度取り出して行う。算数の授業で使われる語句の活用に重点をおき、解法の理解や既習事項の復習を丁寧に行う。

④　取り出し教科指導（教科の補習）
　６年生の外国人児童を対象に、週１回取り出して指導している。中学校への進学とその後の進路を見通し、生活経験の不十分さや背景知識を補う。具体的な資料や体験的活動を準備し、学習内容を絞り込んで日本の歴史の大まかな流れやそれに関連する日本地理を指導する。

(2)　浜松市立瑞穂小学校における児童別コースデザイン例
　浜松市立瑞穂小学校に小学４年で編入してきた外国人児童 A 児を対象に実施したコースの例（１年４カ月間）を紹介する[5]。A 児は、２〜３年生の時期に、１年間、日本の公立小学校に在籍経験がある児童で、編入時点で簡単な会話程度の日本語ができていた。

表１　瑞穂小学校　A 児の日本語コース（教科学習も含む）

プログラム	１年目１学期	１年目２学期	１年目３学期	２年目１学期
①サバイバル	「学校の一日」「プール開き」	２学期以降は、生活の様子を見ながら在籍学級で対応		
②日本語基礎（文字・表記）	仮名の復習 漢字学習	特殊音の表記 漢字		―
③日本語基礎（文型）＜はまっこで＞	時間の表し方 自制、形容詞	日付、曜日 助詞・語順	接続詞・語順・助詞、存在文	―
④教科と日本語（国語科・社会科）	国語科「白いぼうし」「かむことの力」	国語科「一つの花」「アップとルーズで伝える」「発信します」	国語科「つぶやきを言葉に」「ごんぎつね」	国語科「のどがかわいた」「洪庵のたいまつ」社会科「わたしたちの国土」「わたしたちの生活と食糧生産」
⑤教科の補習・算数＜まなびっこで＞	―	―	少数の乗除法、帯分数、分数の大きさ・加減法	角度、立方体・直方体の体積、小数百分の一位の除法、商の概数

①④は「なかよし教室（取り出し指導）」での授業
②③⑤は NPO 団体による支援　　　　　　　　　　　　　　（―：実施せず）

---

[5]　平成24（2012）年当時、瑞穂小学校で A 児の日本語指導担当教員であった近田由紀子氏からの情報提供をもとに、執筆者が整理したものである。

A児への日本語及び教科学習の支援は、学校の日本語教室で④「教科と日本語」プログラムとして国語科と社会科の学習支援を行い、①②の日本語の基礎的な学習は「はまっこ」で、⑤の補習的な教科学習は「まなびっこ」が行っていた[6]。

　A児は低学年のときに日本の学校で学んだ経験があるため、①のサバイバル日本語プログラムに関しては、その時々に、必要に応じて実施する程度としてある。②③の「日本語の基礎」に関する知識・技能は、一定の学習経験があるようであったが、忘れていることや不正確なものが多かった。そこで、実態を把握しつつ必要に応じて項目を取り上げて指導するという考え方で行ったそうである。④の「教科と日本語の統合学習」として、1年目は国語科を、2年目はそれに加えて社会科の学習支援が計画されている。国語科では、各単元で、日本語の力に配慮しながら、挿絵やVTR等の視覚資料を利用して内容やことばの理解を促し、それをワークシートで整理する活動や、アンケートを実施しその結果を新聞にまとめる等の言語活動が組み込まれている。「粗筋を読み取る」「気持ちを想像する」「様子を読み取る」「的確な表現の選択」「情報の再構成」といった力を徐々に高めるようにしたそうである。また、2年目の1学期には、社会科を、VTR視聴、実物観察、グラフの読み取り等、社会科のスキルを高める活動で構成したとのことであった。⑤の算数の補習は、1年目の3学期から「まなびっこ」で行われている。A児が3年生までの学習内容の理解が不十分だったため、4年の学習の前提となる1～3年生の基礎的な内容の復習も行ったとのことであった。

　以上のように、日本語指導(学習支援も含めて)は、学校組織としてコースの大枠をつくり、それに基づいて個々の児童の実態に即した個別のコースをデザインする。つまり、個別の指導計画を作成して実施することが期待されるのである。その内容については、「サバイバル日本語」「日本語の基礎」「技能別日本語」「教科と日本語の統合学習」「教科の補習」「母語・母文化保持、キャリア教育等」のプログラムを組み合わせ

---

6 「はまっこ」は、1章2節で紹介した日本語学習支援のことであり、「まなびっこ」は、教員免許をもつ指導補助者による取り出しで行う基礎学力定着指導のことである。

て構造化することが有効である。それによって、教師や支援者が、相互の役割について理解し、内容や活動を関連付けるなどして連携したり補完し合ったりして外国人児童生徒の教育・支援にあたることができる。

4 ▶ 教科と日本語の統合学習──文部科学省開発『JSL カリキュラム』の概要──

　第2部の実践事例は、多くが教科内容を取り上げた授業である。それらの授業では、教科内容の理解と、教科の学習に日本語で参加する力を高めることがねらいとなっている。そこで、ここでは「学習に参加するための日本語の力」と、これらの授業が基本とする「教科と日本語の統合学習」という考え方について説明する。また、この考え方で開発された「学校教育のための JSL カリキュラム（以下「JSL カリキュラム」）」（文部科学省）[7]について、簡単にその特徴を紹介する。

4-1　学習に参加するための日本語の力
(1)　「教科内容の学習」に必要な日本語の力
　「学習言語能力」については、先に文脈依存度と認知的必要度で説明したが、ここでは教科内容の学習に必要な日本語の力として、具体的に検討する。

　第一に、日常生活と教科学習では、日本語での理解・表現活動のタイプが異なる。日常生活では、対面での双方向のおしゃべりを中心にしたコミュニケーションが中心となる。そこでは、意図性や計画性がなくても、相手の反応に応じることによって、情報を伝えたり、理解したりすることができる。一方、教科の学習活動で求められる話しことばは、おしゃべりとは異なり、一方向でまとまった内容を発表したり、それを聞いて理解したりする力が必要となる。まとまりのある文章を読んだり書いたりする力も求められる。これらの言語活動では、読み手や聞き手を意識し、その目的に合わせて、意図的計画的に内容を組み立て表現する

---

[7]　文部科学省 HP　http://www.mext.go.jp/a_menu/shotou/clarinet/003/001/008.htm （2014年8月31日アクセス）

ことが求められる(岡本1985)。

　第二に、日常生活と教科内容の学習では、用いられる語彙・表現に違いがある。また、同じことばでも用い方が異なる場合がある。たとえば、日常会話なら「同じところ」でも、理科のリポートでは「共通点」と言い、「～が作った」を社会科では「～によって建設された」と表現する。また、教科の新しい概念の学習とともにそれを表す抽象度の高い語彙を学ぶ。「垂直」や「関数」、「摩擦」、「民主主義」などである。さらに、たとえば「結ぶ」という語は、日常生活では「髪を結ぶ」「手を結ぶ」等の使い方をするが、算数や数学では「点Aと点Bを結ぶ」、社会科では「条約を結ぶ」等として使用される。このような教科特有の語彙・表現とその使い方を学ばなければならない。

　また、日常生活がカジュアルな場であるのに対し、授業は公的な場であるため、おしゃべりとは異なる表現をすることが求められる。たとえば、作文では、「で」というつなぎの表現や、「～ちゃった」という縮約形、「でっかい」という口頭表現は不適切である。場所や相手、目的によりことばを使い分けられる力も求められるのである。

　第三に、思考し判断し行動するための日本語の力が必要である。教科学習では、それぞれの教科領域の事象について、課題を設定して取り組む。そこでの気づきをもとに知識や概念を形成し、その新たな概念を通して現実を捉え直すという活動が展開される。いわゆる課題解決型の学習である。そのプロセスでは、観察、比較、分類、関連付け、推測、統合といった思考活動が行われ、その結果、何かしらの判断や評価をする。こうした活動を行う力は、言語の発達と相互連関しながら高められていくものである。日本で、日本語で教科学習を受ける場合には、日本語の力の発達と、教科内容に関して思考し判断する力とを関連付けて育むことが期待される。

(2) 「日本の学校の学習活動」に参加するための日本語の力

　国・地域によって教育課程は異なり、教育方法についての考え方、また学校の役割も異なる。そのため、多様な言語文化背景をもつ子どもた

ちにとっては、日本語の問題に加え、日本の学校の教育課程と母国の教育課程の違いや、学習観・教育観が現れる授業スタイルと学習活動の違いなどが、参加を困難にする。これらの違いを知り、学習活動に見通しが立てられれば、日本語がわからなくても活動には参加しやすくなる。たとえば、理科の植物観察の授業で、どのように活動が展開し、何を準備すればよいのか、学習結果をどのような成果物としてまとめるのかを知っていれば、日本語を全ては理解できなくても参加できる。そして参加を通して日本語の理解が促される。加えて教師が用いる指示や問いかけの日本語表現を知っていれば、さらに、学習参加は容易になる。

　また、日本の教科教育ではグループ活動が頻繁に行われる。グループ内の活動の仕方を知り、そこで用いられる日本語の表現を知ることも、授業に参加するための助けになる。

(3) 「自律的に学ぶ」ための日本語の力

　日本語学習の支援は、永遠に続くものではない。支援がなくなっても、子どもたちが自分で日本語の課題を解決できる力を育むことが重要である。日本語や教科の学習方法、周囲の友だちや先生方に尋ねるなどして解決する方法、また、身の周りにある教材や教科書、ネット上のリソースなどを利用する方法を、日本語教育の授業の中で具体的に提示し、経験的に身につけられるようにする。また、学習することの意味を考え、自分の学習に責任をもって管理する力を、小学校高学年以上の子どもに対しては、育みたいところである。

4-2 「教科と日本語の統合学習」という考え方

　学習活動に参加するための日本語の力を育む方法として、「内容重視（Content-Based）の言語教育」の考え方を紹介する。外国人児童生徒に対しては、**4-1**で述べたような日本語の力を育み、教科等の学習に日本語で参加できるようにすることが重要な課題である。しかし、教科に関わる語彙や表現をその学習場面から切り離して、意味を説明し、覚えさせようとしても効果は高まらない。子どもの場合、そのようにして学ん

だ知識や技能を、教科の内容や場面に応用できるとは限らないからである。小学校中学年以下の段階では認知的な発達の状況から考えて、他の場面への応用を意識的に行うことは難しい。高学年以上なら一定程度できると考えられるが、個人差が大きく、中学生であっても、学んだ日本語の規則を演繹的に運用することが難しい生徒もいる。そのため、学習内容や場面と結びつけながらことばを聞き、使い、経験的に学べるようにすることが大事である。内容重視の日本語教育はこのような子どもの言語獲得の特性に適している。

内容重視の言語教育の考え方では、内容を優先し、言語をその学習のための言語的手段と位置づける(岡崎 2002)。学校で学ぶ子どもたちの場合は、その内容として、教科内容が取り上げられることが多いため「教科と日本語の統合学習(日本語と教科の統合学習)」と呼ばれることも多い。そのカリキュラムは、教科と日本語とのクロスカリキュラムとなり、教科の目標と日本語の目標の、二つの目標を掲げて実施される。成果としては、学習への動機付け、認知の発達及び学力の向上、日本語の知識と運用力の伸長が挙げられている(齋藤 1999, 清田 2001)。

文部科学省が開発した『外国人児童生徒のためのJSLカリキュラム』は、内容重視の考え方で開発されたものである。以下では、JSLカリキュラムについて簡単に紹介する。ただし、開発者の一人として関わった筆者の解釈(齋藤 2009)が含まれることをお断りする。

4-3 文部科学省開発の「JSLカリキュラム」

4-2に述べてきた言語能力観や言語教育観を背景に、文部科学省が平成15(2003)年から平成19(2007)年にかけて、日本語の学習から教室での教科学習の橋渡しとなるカリキュラムとして開発したのが「JSLカリキュラム」である。日常的な会話はできるようになったが教科学習には日本語の力がまだ不十分という児童生徒を対象として、内容重視の考え方に基づいて開発されたものである。

特徴は、①内容を中心とし活動型の言語教育であること、②トピック型と教科志向型の二つのタイプがあること(小学校編)、③ AU(Activity

Unit）というツールを提供していること、④探求型の授業構成を求めていること、⑤五つのタイプの支援を提示（中学校編）していることが挙げられる。また、カリキュラムの考え方として、対象となる外国人児童生徒の多様性に応じて教師自身が開発することが前提になっており、学習項目を指導順に並べたシラバスの提供がないことも特徴と言える。

（1）「JSLカリキュラム」の授業の基本構造―学習プロセスを構成する

　トピック型は、教科共通の認知的活動に日本語で参加する力を育むことが目指される。授業を子どもたちの興味関心に基づき設定されたトピックに関するいくつかの活動で構成する。それらの活動は、知識や経験を日本語で具体的に表現すること（体験局面）、そこで活性化された既有知識をもとに探求的な活動による新たな知識や技能を得ること（探求局面）、探求を通して知ったことを日本語で他者に伝えていくこと（発信局面）からなる。このプロセスを授業の構造としてモデル化したものが図2の基本構造である。

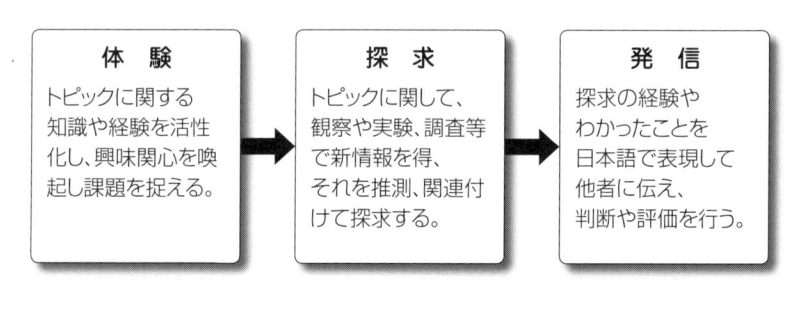

体　験	探　求	発　信
トピックに関する知識や経験を活性化し、興味関心を喚起し課題を捉える。	トピックに関して、観察や実験、調査等で新情報を得、それを推測、関連付けて探求する。	探求の経験やわかったことを日本語で表現して他者に伝え、判断や評価を行う。

図2　トピック型の授業の基本構造

　この基本構造は、知識獲得過程（波多野 1980）に沿ったものになっている。知識獲得過程は次の三つのプロセスからなるが、トピック型のみならず、次に示す教科の授業展開にも通ずる。スキーマとは、経験や学習によって得られた知識や概念が体系化されたもののことである。

> ①スキーマの活性化
>   経験や学習を通して得た知識が機能する状態をつくる
> ②スキーマの同化
>   課題解決などの探究型の活動により新しい知識・技能を獲得する
> ③スキーマの調整
>   探究活動で得た知識の言語化により、スキーマを再構成する

　また4-1の(2)に述べたように、活動の予測や、学習活動の目的の理解、教師の指示や問いかけの意図の理解があれば、学習への参加は容易になり、日本語を理解できる度合いも高まる。そこで、教科の内容を扱う「JSLカリキュラム教科志向型」では、一般の教室で行われている各教科の授業の典型的な展開を基本とした。下に示したのは、「JSLカリキュラム」教科志向型の授業展開である。

各教科の授業展開

国語科：「話すこと・聞くこと」「読むこと」「書くこと」の3領域と発音・文字・表記、文構造等の「言語事項」を関連付けた言語活動を多様な組み合わせで構成
算数科：問題を把握する→解決の計画を立てる→計画を実行する
　　　　→実行した結果を検討する
理　科：課題を把握する→予測する→観察・実験・調査する
　　　　→結果を考察する→発表する
社会科：課題をつかむ→調べる→まとめる

（2） 活動の単位化（Activity Unit: AU）
―学習活動と日本語による表現との関係

「JSL カリキュラム」では活動を単位化することを提案している。学習活動を一定の大きさのまとまりで単位化したものが AU（Activity Unit）である。授業をスモールステップで展開するための活動のまとまりであり、子どもたちの理解を確認するポイントの目安にもなる。日本語獲得の途中にある子どもが、理解や産出のための支援があれば参加できる活動の大きさと言ってもよい。トピック型の AU として挙げられてい

表2　AUの構成	
展開	AUグループ（12カテゴリー）
体験	知識を確認する／興味関心を抱く
探求	観察する／操作して調べる／情報を利用する／分類して考える／比較して考える／条件的に考える／推測する／関連付けて考える
発信	表現する／判断する

る活動は、全体で105あるが、12にカテゴリー化され、授業構造の3局面との関係は、表2のようになっている。

各 AU は、トピックによって文脈が与えられ具体化される。同時に、トピック型の AU に参加するための日本語の表現が特定される。その決定は、一般の教室の学習活動で教師と子どもたちが使用している日本語表現をもとに、対象の子どもの日本語の力や認知的な発達の状況に鑑みて行う。AU「比べながら観察する②」の日本語表現の例を、表3に示した。子どもの日本語の力に応じ、語彙、文構造、談話構造の調節がバリエーションとして示してある。活動を単位化し、その活動にふさわしい言語表現を組み合わせて授業を構成することによって、場面や状況に合った語彙・表現を身につけることが期待できる。

表3　AUの日本語表現　（例）

C−7　AU：比べながら観察する②「違いを観察する—1」 よく使うことば：違う、どこ		
	働きかけ・問いかけの表現	応答表現
基本形	・〜と〜、違うところはどこですか。	・〜は〜（だ）けれど、〜は〜（だ）というところが違います。
バリエーション	・〜と〜は、違いますか。どこが違いますか。	・〜が違います。

（3）　グループによる協働型の学習と子どもたちの母語・母文化の力

　このカリキュラムでは、子ども同士の学び合いを重視し、グループによる学習活動を組み込むように求めている。また、学習したことを言語化して発信する活動では、伝える相手を設定する工夫が必要とされる。それは、学習を、個人の知識獲得としてではなく、学習共同体の協働作業として構築されるものと考えるためである。子どもたちが、このカリキュラムを通して得たことを、社会的文脈の中で自己実現するための力として身につける上でも、他者との関係をつくりながら学ぶことが重視される。

　また、子どもたちの母語・母文化を活性化し、それに関連付けて教科学習を実施することも推奨されている。母国・地域での経験を含め、これまでに培ってきた力を発揮することによって、学習の連続性を維持することと、自己効力感を生み出すことが期待される。

5 ▶ 学習参加を促すための支援—第2部の各実践を読み解くために—

　「教科と日本語の統合学習」を実施する上で、重要な支援について検討する。この検討項目は、第2部の実践事例の章立てに一致するものである。

5-1 「興味・関心」を喚起する―第3章の実践を読み解くために―

　内発的動機づけをすることが教師の支援の重要な要素の一つである。子どもたちの知的な好奇心を刺激し、学習すればできるという達成感を抱かせることにより、内発的動機付けができる(波多野 1980)。まず、子どもたち自身に、学習内容に対して「なぜ？」「どうして？」という疑問を抱かせることや、「もっと知りたい」「もっとやりたい」という知的な欲求を掻き立てることが重要である。それには対象の子どもたちの志向性と、既有知識の把握が必要となる。どのような内容を、どのように提示することが子どもたちの疑問や知的欲求を掻き立てるのか。それを教師は見きわめる必要がある。教師が全てを説明していく授業では、そうした興味・関心を喚起することはできない。

　また、努力して学習したことが成果になって現れることを自分自身で感じる経験や、それをクラスの仲間や先生・家族から認められる経験をすることが自己効力感を高め、学ぶ意欲に結びつく。努力しているつもりなのにうまくいかない、あるいは誰も評価してくれないというのでは、子どもたちも学習することに意味を感じにくい。そのため、既に知っていることが理解の助けとなる、やった分だけできる、皆にも役に立つと、子ども自身が確認できる機会を設けることが大事である。具体的には次の点を意識して授業を行うことが望まれる。

---

①親しみやすい素材
　子どもの身近な出来事や知っている事柄に関連のある素材を題材とする。
②関心を高める体験
　「なぜだろう」「調べてみたい」と思うような体験型の活動を行う。
③「わかる」喜び
　活動を通して「わかった」と感じられる場面をつくる。
④興味関心の維持
　知的な好奇心と「わかった」という喜びが連続するよう活動を組み立てる。

5-2 「思考・判断」を促す仕掛けをつくる
―第 4 章の実践を読み解くために―

　成人が外国語を学ぶ場合とは異なり、子どもたちはことばを使って活動しながら、生活世界を広げ、知識を獲得し、思考する力や判断して行動する力を育んでいる。子どもたちに、日本語を教える場合には、日本語の単語や表現を覚えさせるのではなく、日本語を使って考え、判断する機会を提供することが重要である。本来、各教科の学習活動には、比べること、分類すること、予測・推測すること、分析すること、関連付けること、判断すること、決定することなどが埋め込まれている。こうした思考活動を通して教科内容を理解し、教科の見方・考え方、教科の知識を得るように組み立てられているのである。外国人児童生徒に日本語を教える場合も、日本語を使って考えるという活動で授業を構成したい。その授業は、先に紹介した知識獲得過程(4-3(1))をも意識して組み立てることが望ましい。具体的には、次のような点を意識して授業を設計し、実施することが期待される。

①既有知識の活性化
　これまでに学んだこと(母語・母国での経験・学習も含む)を活性化し、新しい内容を学ぶための土壌をつくる活動を行う。
②体験的操作的活動
　日本語が十分ではなくても理解や気づきが生まれるように、実体験や操作等による探究活動を行う。
③理解の言語化
　探究型の活動で理解したことを、言語化して、知識・概念として捉える活動を行う。
④既有知識と新知識の関連付け
　新たな知識・概念をこれまでに学んだことに関連付ける活動を行う。
⑤学んだことをもとに判断
　新たに学んだことをもとに、自身の問題を判断し、決定する活動を行う。

5-3 「理解・表現」を支援する―第5章の実践を読み解くために―

　子どもたちが第二の言語である日本語で、教科等の内容に関する学習をするためには、日本語の理解や日本語による表現を促すための支援が重要である。理解の支援としては、語彙のレベルの理解も重要であるが、まとまりのある内容を扱う文章や談話の理解を促すための工夫も必要である。語の意味一つ一つを知っても、あるいは、文法的な規則についての知識があっても、それらを合わせただけでは十分な理解には至らないことが多いからである。背景となる知識との関連付けや、文章構成についてのスキーマなどと関連付けて理解を促すことが求められる。また、表現のための支援としては、語彙や表現のレパートリーを提示し、子ども自身が選んで使えるようにすることが助けとなる。加えて、何をどのように表現するかを構成するプロセスをも支援する必要がある。学習活動を組み立てるとき、理解することと表現することを関連付けて、活動を組み立てることによって、子どもたちの言語技能の総合的な発達を促すことも重要である。具体的には、次のような支援が期待される。

---

①文脈化
　具体物や写真・絵図、動作化や体験等の言語以外の方法で、ことばの意味を理解できる状況をつくる。

②既有知識・経験への関連付け
　子どもが知っていることや経験している身近なことなどに関連付けて、意味を理解できるようにする。

③モデルの提示
　どのように表現するのか、どのような成果物を作成するのか等、求められていることを具体的な例で示す。

④言語以外の表現
　子どもたちに、日本語で表現させる前に、絵図を描いたり、写真に撮ったり、何かを作成したりして言語以外の方法で表現する機会をつくる。そして、そこに表現されていることを日本語でどう表すかを示す。

⑤技能・ジャンルの多様化
　話したことを書く、聞いたことを話す、読んだことを書く、書いたことを話すというように、同じ内容を異なるスキルで表現する機会を設ける。また、会話をスピーチに、質問への応答を報告文に、感想の語りを新聞記事にというように、テキストジャンルを変えて繰り返し表現させる。
⑥関連情報の掲示
　学習したことばや内容に関する情報を掲示しておき、理解や表現の助けとして利用できるようにする。

5-4　「関係性を広げる」学びの場をつくる
―第6章の実践を読み解くために―

　子どもたちが日本語を発達させるプロセスにおいて、子ども同士の関係性を広げ、周囲の大人と交流する機会を増やすことを意識したい。周囲の日本人の子どもにとっても生活世界を広げるものとなると思われる。こうして形成される人と人とのネットワークは、子どもや教員にとって、また学校と子どもを介して親同士、地域の住民の間にとっても資源となる。外国人の子どもにとっては、自分の存在を他者との関係を通して再認識することが、今、日本で学んでいることの意味を感じ、自分の将来を展望することに結びつく。関係性の広がりが生まれる学びの場をつくるために、日本語教育を実践する上では、次のような具体的な工夫が期待される。

①在籍学級の学習との関連付け
　日本語教室での学習と在籍学級の学習を関連付ける。
②交流学習の場づくり
　学習内容に関して在籍学級との交流活動等を行い、相互に学び合う機会をつくる。

③成果発揮の場づくり
　日本語教室での学習を学校の活動に関連付け、全校での活動時に学習の成果を発揮できる場をつくる。
④コミュニティのリソース化
　家族から聞いた話を、あるいは出身国・地域の友だち・知人から得られる情報を、日本語教室や在籍学級の学習活動で活用する。
⑤地域活動との関連付け
　地域生活や、地域活動への参加を通して学んだことを、日本語教室での学習に取り入れる。また、日本語教室で学んだことを、地域の活動への参加を通して発揮できるような工夫をする。

6 ▶ まとめ―子どもたちの学びの場を設計する―

　本章では、日本国内の小中学校で実施されている日本語指導の内容と方法を整理して紹介した。第2部で紹介する浜松の小中学校で行われた外国人児童生徒のための教育実践が、子どもたちにとってどのような学習の場になったのかを読み解くヒントにしていただきたい。
　浜松市内の学校の間でも見られることであるが、外国人児童生徒の教育の現状は各現場で大きく異なる。教育現場の状況によって、指導体制も、日本語教育の内容も方法も異なっている。そのため、本章で紹介した内容や方法が全ての学校で実施されているわけではないし、第2部の実践についても、同じように実施することが難しい現場も少なくない。
　しかしながら、第2部の実践によって描かれる「子どもたちの成長・発達の姿」とそれを促す「授業の工夫や教師の支援」は、他の現場にとっても豊かな示唆となる。「その活動になぜ子どもたちが主体的に参加したのか」「その教材のどのような工夫が子どもたちの理解を促したのか」「教師のどのような働きかけが子どもたちの発言を引き出したのか」。このような見方で、第2部の実践を読んだとき、各現場で生かせることが数多く見つかるであろう。

子どもたちが母国・地域で培ってきた力を、連続性をもって発展させていくためにも、子どもたちの今後を視野に入れた教育支援を行う上でも、実践から学ぶ力が私たちには必要である。異なる現場、異なる立場にあっても、実践を語り、他者と共有し相互に変容を起こすことによって実践共同体が形成され（池上 2009）、それによって、子どもたちの学びの場は豊かに展開していくと思われる。

参考文献

池上摩希子（1998）「児童生徒に対する日本語教育の課題・再検討—研究ノート—」『中国帰国者定着促進センター紀要』第6号，pp. 131-146.

池上摩希子（2009）「年少者日本語教育における実践と研究—「実践を語る」意味—」川上郁雄・石井恵理子・池上摩希子・齋藤ひろみ・野山広『「移動する子どもたち」のことばの教育を創造する』ココ出版，pp. 228-237.

石井恵理子（2009）「第1章　年少者日本語教育の構築に向けて—子どもの成長を支える言語教育として—」川上郁雄・石井恵理子・池上摩希子・齋藤ひろみ・野山広『「移動する子どもたち」のことばの教育を創造する』ココ出版，pp. 142-164.

ヴィゴツキー（著），土井捷三・神谷英司（訳）（2003）『「発達の最近接領域」の理論—教授・学習過程における子どもの発達—』三学出版

内田伸子（1999）『発達心理学—ことばの獲得と教育—』岩波書店

岡崎眸（2002）「第4章　内容重視の日本語教育」細川英雄（編）『ことばと文化を結ぶ日本語教育』凡人社，pp. 49-66.

岡本夏木（1985）『ことばと発達』岩波書店

カミンズ・ジム（著），中島和子（編著）（2011）『言語マイノリティを支える教育』慶應義塾大学出版会

川上郁雄（編）（2014）『「移動する子ども」という記憶と力—ことばとアイデンティティ—』くろしお出版

清田淳子（2001）「教科としての『国語』と日本語教育を統合した内容重視のアプローチの試み」『日本語教育』111号，pp. 76-85.

齋藤耕二・本田時雄（2001）『ライフコースの心理学』金子書房

齋藤ひろみ(1999)「教科と日本語の統合教育の可能性―内容重視のアプローチを年少者日本語教育へどのように応用するか―」『中国帰国者定着促進センター紀要』第7号，pp. 70-93.

齋藤ひろみ(2009)「「学習参加のためのことばの力」を育む―文部科学省開発「JSLカリキュラム」の方法論とその実践事例から―」川上郁雄・石井恵理子・池上摩希子・齋藤ひろみ・野山広(編)『「移動する子どもたち」のことばの教育を創造する』ココ出版，pp. 184-226.

齋藤ひろみ・今澤悌・内田紀子・花島健司(2011)『外国人児童生徒のための支援ガイドブック―子どもたちのライフコースによりそって―』凡人社

佐藤郡衛(2001)『国際理解教育』明石書店

波多野誼余夫(編)(1980)『自己学習能力を育てる―学校の新しい役割―』東京大学出版会

第2部

実践事例
―「ことばと教科の力」を育む授業―

　静岡県浜松市内の小中学校で外国人児童生徒を対象に、教科と日本語の両方の力を育てようと、日本語教室（学校により呼び名は異なる）で取り組まれた取り出し指導の実践を紹介する。日本語学習が必要な子どもたちのために、取り出しのグループ学習の形態で実施された授業事例である。在籍学級の教科内容を取り上げ、内容を絞り込んだり、目標を子どもたちの実態に合わせて設定したりして、対象の子どもに合わせて設計した計画に基づいて実施されている。そこには、様々な支援の工夫がある。知的関心を刺激し、教科の内容や学習活動への興味・関心を抱かせる工夫（第3章）、獲得中の日本語では困難がある思考し判断する活動への参加を可能にするための工夫（第4章）、日本語の理解や日本語で表現することを容易にするための工夫（第5章）、そして、学習活動を通して子ども同士が関係を築き、広げる工夫（第6章）が見られる。これらの工夫された授業で、子どもたちは出身国・地域でそれまでに経験してきたことや学習してきた知識・技能を活かし、新たな学びを得ている。そして、同時に、子ども自身が自分を見つめ、自分の可能性を感じる機会にもなり、主体的な学び手として成長しているようである。

　なお、実践校と実践者情報は、授業実施時のものである。

第2部　授業実践者

(50音順、敬称略、所属は2015年6月現在)

桑原久子（浜松市立砂丘小学校教諭）
　授業実践／第4章　実践報告2、第6章　実践報告2
　実　践　校／浜松市立遠州浜小学校

近田由紀子（イースタンミシガン大学リサーチスカラー、
　　　　　　　元浜松市立瑞穂小学校教諭）
　授業実践／第3章　実践報告2、第4章　実践報告3・4
　　　　　　第5章　実践報告3、第6章　実践報告3
　実　践　校／浜松市立瑞穂小学校

櫻井敬子（浜松市立冨塚小学校教頭）
　授業実践／第4章　実践報告1、第5章　実践報告1・2
　　　　　　第6章　実践報告1
　実　践　校／浜松市立遠州浜小学校

水島洋子（静岡市立観山中学校教諭）
　授業実践／第5章　実践報告4、第6章　実践報告4
　実　践　校／浜松市立江南中学校

水谷晶子（浜松市立南の星小学校教諭）
　授業実践／第3章　実践報告1
　実　践　校／浜松市立葵が丘小学校

第3章

子どもたちの「学習への興味関心」を喚起する

実践報告 1

視覚的に情報を提供し、興味関心を掻き立てる

4年 国語科
「アップとルーズで伝える」「4年3組から発信します」

光村図書（平成17〜22年版）『国語四年下巻』

葵が丘小学校での実践：水谷晶子

1 対象児童生徒……小学4年生3名

3名ともブラジル国籍で、母語はポルトガル語、滞日期間は約3年である。来日後、ブラジル人学校に通学していたが、小学3年の3学期に公立小学校に編入し、在学期間は10カ月程度である。日本語を聞き取る力はついてきたが、口頭表現の力はあまり十分ではない。日本語の語彙が少ないため、母語による支援が必要なときがある。

2 目標

「アップとルーズで伝える」は、テレビの映像方法「アップ」と「ルーズ」のそれぞれの特徴を対比的に述べた説明文である。「4年3組から発信します」はその文章を読み取った上で、伝えたいことを考えて、情報の収集から発信までを、自ら行う表現活動である。目標は次のように設定した。

単元目標 伝える目的によって、情報の材料の選び方や表現方法が異なっていることに気づき、自分の表現に役立てようとする。

日本語の目標

・「アップ」と「ルーズ」にどんな違いがあるかを読み取ることができる。
・伝える目的に応じて「アップ」と「ルーズ」の写真を選び、短い文章で表すことができる。「しかし、でも」などの接続詞や疑問文の表し方、説明文における「このように」の役割や用い方を理解することができる。

3　学習指導計画……9時間

3-1　全体の流れ（★：本事例で紹介する部分）

活　動	支援の工夫
①「アップ」と「ルーズ」の違いを理解する。　　　（3時間：取り出し）	・いろいろな写真を「アップ」と「ルーズ」に分け、違いや共通点を話し合う。
②「アップとルーズで伝える」を読む。 1)「アップ」と「ルーズ」とは何かを理解する。 2)「アップ」と「ルーズ」で伝えられること、伝えられないことを挿絵として掲載されている写真から読み取り、それぞれの特徴を理解する。★ 3)全体の要旨・構成を理解する。 　　　（3時間：取り出し）	・リライト教材を準備し、活用する。 ・挿絵の写真からわかることを、教科書の内容と結びつける。 ・動作化を促し、具体物を提示する。 ・教科書の記述内容をそのまま抜き出して書くことで完成させられるワークシートを用意する。
③「4年3組から発信します」を読み、日本語教室からの新聞作りをし、記事を発表する。（3時間：取り出し）	・いろいろな写真から伝える目的に応じて写真を選ぶことで、文章が書けるようにする。 ・個別に話し合いながら、主語・述語の関係が明確な短文をつくる。

3-2　活動のねらい（★の活動）

教　科　「アップとルーズ」でわかることとわからないことを教材文から探したり、ことばの意味を話し合ったりしてワークシートに書くことができる。

> **日本語**　「アップ」と「ルーズ」からわかる様子やものの名前を発表することができる。

4　子どもたちの学習の様子

（1）「アップ」と「ルーズ」の写真について話し合う

　まず、前時に学習した「アップ」と「ルーズ」の意味を短冊に書き、提示した後、本時のめあてを確認した。次に「これは何ですか？」と問いかけ、教科書の挿絵として「アップ」と「ルーズ」の写真に写っているものを言い表した。「目、口、鼻、手」などは日本語ですぐに答えられた。「両手を広げて」「口を大きく開けて」など教科書にある表現で発表する子どもも見られた。毎日の音読練習により日本語のフレーズを覚えていることに驚かされた。「観客」「選手」「旗」などは、母語で示して日本語に置き換えると、意味が理解できた。

　また、写真と教科書のことばとを直接結びつけるために、「口を大きく開けて」「立ち上がっている観客」などの語句をカードに書いて写真の上に貼り付け、視覚からわかる内容と日本語を結びつけるようにした。

　本時では、母語による支援の他にもことばの意味理解のために「たれまく」「大小の旗」などは具体物を示したり、「両手を広げて」「風をはらみ」などについては動作化したりした。子どもたちはこれらの活動から「たれる」「まく」「大きい・小さい」「右手・左手」「ふわふわする」

動作化して
ことばを理解

などの語彙を確実に理解することができた。

(2) 「**アップ**」と「**ルーズ**」の特徴を理解する

　「アップ」と「ルーズ」の特徴が対比して述べられている部分を読み取った。「アップでとると〜わかります」「しかし、〜わかりません」、「ルーズでとると〜わかります」「でも、〜わかりません」というヒントとなる表現にマーカーで印をつけ、「〜」の部分のことばに注目させた。子どもたちは教科書の文章から容易に「〜」の部分を見つけワークシートに書き込むことができた。それぞれを対照させて板書することで「アップ」と「ルーズ」の特徴の違いが理解できた。

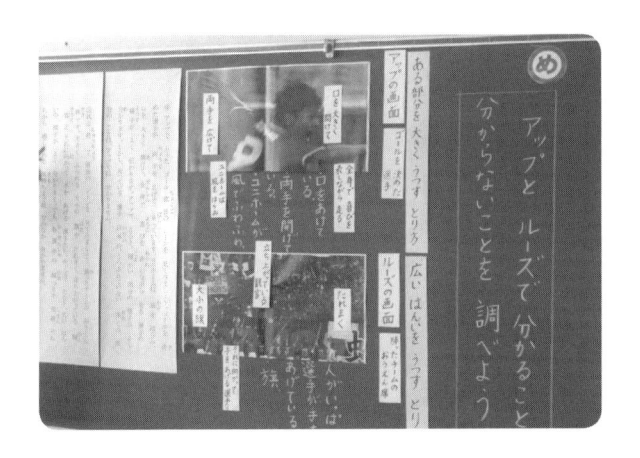

(3) 学習のまとめをする

　「アップ」と「ルーズ」の特徴を自分のことばで書き表すことは難しい。そこで板書に対応したワークシートを用意し、（　　）にあてはまることばを本文中から見つけて記入するとまとめになるようにした。「しかし」「でも」の用い方も合わせて指導した。リライトされた文章からこれらの語句を見つけることは容易で、どの子どもも集中して文章に向き合うことができた。

> 　アップでとると、(細かい)(部分)の様子がよくわかります。(しかし)、うつされていない(多く)の(部分)のことは、わかりません。
> 　ルーズでとると、(広い)(はんい)の様子がよくわかります。(でも)、各選手の(顔つき)や(視線)、それから感じられる(気持ち)までは、なかなかわかりません。

まとめのワークシート　　(　)にことばを入れる

　(　)内のことばに注目させることで、「アップ」と「ルーズ」、それぞれの表現技法によって、何がわかり、何がわかりにくいのかが明確になり、両方の特徴を理解することができた。

支援と子どもたちの学び―実践者の振り返り

　本単元は2枚の写真とことばが明確に対応しているため、比較的内容が捉えやすい。そのため、子どもたちはことばのカードと写真とを結びつける作業を通して日本語の意味を理解することができた。具体物の提示や動作化も意味を理解させる上で有効であった。
　単元の目標は基本的には在籍学級と同様のものであるが、子どもの実態を考慮に入れて、焦点を絞ったり、到達レベルを設定したりした。さらに、学習内容のポイントを押さえて、単元計画や学習の流れをシンプルにした。子どもたちは在籍学級のクラスメイトと同じ内容の学習をしたいという願いをもっている。限られた時間の中で、実態の異なる子どもたちを多面的に支援していくのはとても難しいが、在籍している学年の学習を行うことが、子どもの学ぶ意欲と自信につながる。
　さらに言語面では、編入1年未満の児童を対象としたため、文章を読み取る上で、日本語の語彙不足が大きな課題だった。そこで、まず、教科書の文を一文ずつ主語・述語の関係がわかりやすい

文に書き変えた(リライト教材)。この書き変えでは分かち書きをし、小さい単位で意味のまとまりを捉えさせ、音読練習に結びつけた。音読は日本語のリズムを捉える上で効果的であったし、子どもたちは、音読を繰り返すことで重要なことばをいくつか覚えることもできた。

　子どもの実態に合った到達レベルを設定し、学習内容を絞った支援をすることの必要性を感じている。

実践報告 2

わかる喜びを体験させ、興味関心を持続する
5年 国語科
「千年の釘にいどむ」

光村図書（平成17〜22年版）『国語五年上巻』

瑞穂小学校での実践：近田由紀子

1 対象児童生徒……小学5年生5名

　5名のうち4名は、滞日期間約2年のブラジル国籍の児童であり、母語はポルトガル語である。在学期間は1年半程度である。日常の生活では日本語での会話や生活に困ることはないが、学習に参加するための日本語の力については、4名の個人差は大きい。もう1名は日本生まれのベトナム国籍の児童で、母語はベトナム語であるが、主に使っている言語は日本語である。教科書の音読はできるが、内容理解には困難を感じている。

2 目標

　「千年の釘にいどむ」は、日本の伝統的な建築物に関わる文章で、馴染みの薄いことばが多く使われている上に、長文である。そのため、外国人の子どもにとっては難しさが先に立ってしまい、初めから学習意欲がそがれる可能性がある。そこで、取り出し指導では、写真やキーワードを手掛かりにして、興味・関心を高めることから始めようと「千年の釘すごろく」をつくるという学習活動を行うことにした。目標は次のように設定した。

単元目標　「千年の釘すごろく」作りを通して教材文への興味関心を高め、教材文の大まかな内容を理解し、自分の感想をもつことができる。

日本語の目標　「千年の釘すごろく」に利用したい内容を、友だちと話し合いながら選択したり、その内容を簡単な文で書いたりすることができる。

3　学習指導計画……4時間

3-1　全体の流れ（★：本事例で紹介する部分）

活　動	支援の工夫
①題材に興味を持ち、問題提起文について話し合い、学習計画を立てる。★ （1時間：取り出し）	・「千年」「釘」「職人」という漢字探しを行ったり、写真を手掛かりにしたりしながら、問題提起文につなげていく。
②「千年の釘すごろく」をつくる。 （2時間：取り出し）	・教材文を読み進めながらすごろくの内容を考えるように伝える。
③「千年の釘すごろく」をしながら教材文を振り返る。 （1時間：取り出し）	・教科書で内容を確かめながら、すごろくをすることを伝える。
④在籍学級の先生や友だちに紹介する。 （休み時間：在籍学級）	・いつでも使えるように、すごろくを在籍学級の教室内に展示する。

3-2　活動のねらい（★の活動）

教科　題材に興味をもち、問題提起文について話し合い、学習計画を立てることができる。

日本語　「〜が〜あります。」「〜がある（ない）と思います。」の文型を利用して、キーワードや問題提起文に対する自分の考えを発表することができる。

4　子どもたちの学習の様子

（1）　漢字探しでキーワードに注目させる

「千年の釘にいどむ」の文章を見ただけで意欲がそがれ、教科書を閉じてしまう子どももいた。そこで、子どもたちが読んで理解できる漢字を探す活動を行うことにした。子どもたちは読める漢字を探すことに、やる気満々で取り組み始めた。

まず、題名の「千年の釘」の意味を確認した後、本文で「千年」と書いてある箇所を探させた。すると、子どもたちは、次々に頁をめくり「○こあった！」と報告し、もっとやりたいと声を挙げた。そこで、「釘」「職人」という、この文章のキーワードでもあり、子どもにとっては初めて学ぶ漢字を探させた。それでも、子どもたちの積極性は衰えなかった。中には、漢字探しをしているときに目に入ってきた写真に興味をひかれ、職人や五重の塔の写真を指さして「この人、誰？」「なんで、ここに、こんなの、あるの？」と言い出す子どももいた。漢字探しの活動が内容への関心を引き出したのである。そのタイミングで、「じゃあ、読んでみよう」と声をかけ、読み取り活動が始まった。

（2）　問題提起文について話し合う

（1）の活動後、教師から問題提起を行った。教師が「いったい千年後はわたしたちの生活はどうなっているでしょうか」と尋ねると、子どもたちからは、次のような反応が返ってきた。

> 町もないかもしれない

> 学校の建物はないと思う

> よくわからない

そこで、さらに「千年後って、よくわからないものですね。では、千年前はどうでしょう」と問うと、子どもの一人が「これ、これでしょ？」と、文章中の五重塔の写真を指さした。

子どもたちの関心が題材の文章に向いたところで、「こういう建物が千年前にありました」と社会科の掛図で法隆寺や薬師寺を示した。すると、子どもたちからは、次々に声が上がった。内容への関心がさらに高まったようだった。

> すごい。(挿絵を指さしながら)この釘もそう？
> (白鷹さんの写真を示して)この人が作ったの？

　子どもたちの視線が題材の文章に向けられたところで、読んでみようと声をかけると、「読むのー」と子どもたちの声のトーンが下がった。そこで、すごろくの枠を見せながら、「読んでわかったことを問題にしてカードに書いて、個々に貼っていきましょう」と、声をかけると、子どもたちからは「楽しそう。やる、やる。」と声が返ってきた。

(3) すごろくをつくる（2・3人のグループ）

　子どもたちは、まず、教材文に線を引きながら、どんな内容をすごろくの問題文にするかを決めた。そして、コマを分担し、コマのカードに質問文を書いて、「千年の釘すごろく」を作り上げた。出来上がったすごろくが下の写真である。

「千年の釘すごろく」の質問文の例
- Q：千年先のわたしたちの周りはどうなっているだろう。
- Q：世界で一番古い木ぞうけんちくは何ですか。
- Q：釘の長さは何cmですか。
- Q：釘は曲がりますか。
- Q：白たかさんの思いは何ですか。

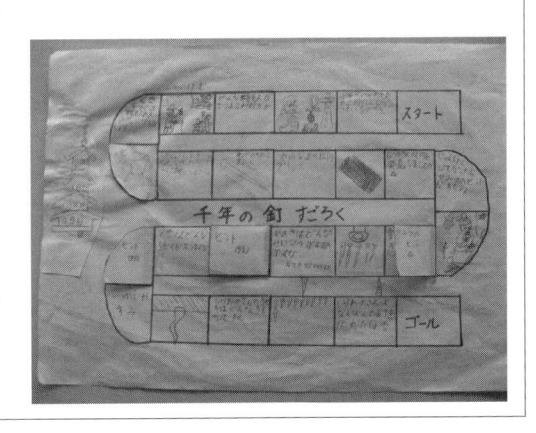

支援と子どもたちの学び―実践者の振り返り

(1) 興味関心を喚起するためのすごろく作り

本実践を行った5年生は4クラスあり、外国につながる子どもが最も多く在籍する学年であった。4クラスから合わせて22人の子どもたちが、日本語教室で学んでいた。その子どもたちの実態はクラスによって異なっていたため、この単元の学習展開を調整して実施した。ただし、中心的な活動であるすごろく作りは、どのグループの学習でも共通して実施した。すごろくをつくるためには題材の文章を読み、内容を理解しなければならないが、この活動には、どのグループの子どもたちも夢中になった。普段ほとんど日本語を話そうとしない消極的な子どもが、活動時間を増やしてほしいと嘆願にきた際には、驚かされた。この単元の学習後も、子どもたちは繰り返し「千年の釘すごろく」で遊んでいた。そこには、在籍学級の子どもたちの姿もあった。作成後までを含め、すごろく作成は子ども同士の学び合いによるものである。共通の課題があって、そのために協力して教材文を読んで理解し、要点が何か検討する過程で、子どもたちは教え合ったり、協力し合ったりしながら、関係を深めていたのだろう。

(2) すごろく作成から広がる次の学び

本単元の学習が終わった後、子どもの一人が図工の時間に仕上げた作品が写真の絵である。図工の課題は、「あなたが残しておきたいと思う大切なものを描きましょう」であった。この児童は、「千年の釘にい

どむ」の学習を思い出し、法隆寺を描いたという。外国人の子ども が「残しておきたい大切なもの」として日本の古い建造物を選んだ のである。このことは、この児童が、題材の文章「千年の釘」の主 題を確かに捉え、学んだことが彼自身にとっても意味や価値を感じ るものであったと解釈できる。

(3) すごろくが一般の学級のリソースに

　翌年には、教科書が改訂され、この単元は短時間で扱われるものとなった。そうした中、外国人の子どもたちの手作りすごろくが一般の学級の学習に活用され、すごろく作りが行われた。一般の学級の子どもたちも熱心に取り組んだという。この5人の学習の成果が、形となって受け継がれている。

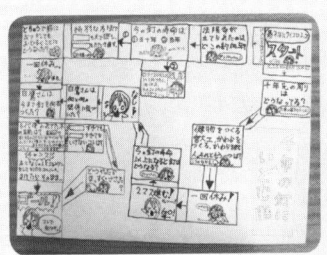

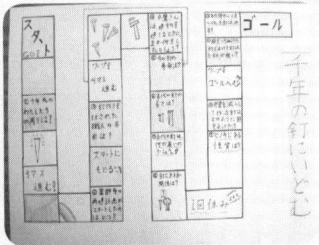

翌年、一般の学級の子どもが作ったすごろく

前年度の外国人児童が作成したすごろくを一般の学級で活用している場面

活動の工夫

後藤亜紀子先生の実践
（実践校：浜松市立中郡中学校）

「吹き出し」を利用して「気持ち」を表現する

気持ちを表現するのは難しい

　日常のおしゃべりができるようになっても、自分の気持ちや感じたこと、考えていることなどを日本語で表現するのは難しいものです。たとえば、美術や音楽の鑑賞の時間に、その作品から受ける印象などを発表することや、国語の物語の単元で、登場人物の心情を想像して表現することなどです。見たもの・聞いたことをそのまま表すこと以上に、ことばの力に大きく依存するからです。作家の気持ちを吹き出しで表現することでその難しさを軽減しつつ、作品の鑑賞を深める工夫をした、後藤先生の活動例を紹介します。

吹き出しで気持ちを表現する

　後藤先生はまず、ゴッホの自画像を黒板に貼り出して、吹き出し「君に私の気持ちがわかるかな？」を付け、「ゴッホが何を言っていると思う？」と問いかけます。生徒たちは、思い思いに、いつもの日本語でゴッホの声を表現しています。生徒たちは自画像に対し率直に意見を言い、ゴッホに関心をもつことができたそうです。この活動の後は、作品から受けるイメージや

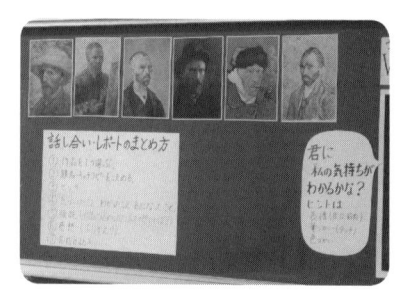

込められた想いについても、シートに書くことができました。簡単な内容ではあったけれどもグループ間での意見交流活動にも参加できたそうです。

<話し合い・レポートのまとめ方>
①作品を１つ選ぶ。
②題名・キャッチコピーを決める
③せりふ
④気づいたこと・わかったこと・気になったこと
⑤仮説(作品に込められたゴッホの想いとは？)
⑥感想(ふりかえり)
⑦名前の記入

話しことばから書きことばへ

　日常の具体的な事柄のおしゃべりとは異なり、目に見えない感情を述べるには、それにふさわしい語彙や表現が必要ですし、細かな違いや変化などを表す力も求められます。この授業では、「吹き出し」という仕掛けによって「話しことばから書きことば」へと段階性が設けられ、生徒が鑑賞したことを表現させることに成功しています。吹き出しに、普段のおしゃべりのことばで表現できるようにすれば、その人物に自分を投影しやすいですし、自分が想像した気持ちや心のありようを表すことができます。また、吹き出しの内容をもとに、印象や作品に込めた想いを書き、グループ間で紹介し合う活動は、他の生徒の多様な感じ方を知り、それをどのように表現するかを学び合う場になっています。

> コメント

第3章

興味へのきっかけと関心の維持から「自信と意欲」を育む実践
―子どもたちの「学習への興味関心」を喚起する―

　子どもたちが学習に前向きに取り組むために、興味関心を喚起することは大切なことである。しかし、それは、対象が日本人の子どもであっても外国人の子どもであっても変わりはない、と言うこともできる。ここで「学習への興味関心」に焦点を当てるのは、外国人の子どもの場合、日本語の力が十分ではないことで教材文の内容理解も進まず、興味関心をもつきっかけを得るのも容易ではない場合があるからである。特に、日本語が話せても読み書きに苦手意識があると、書かれた教材になかなか気持ちも目も向かない。

　5年生の国語科「千年の釘にいどむ」で行った、文章の中から理解できる漢字を探し出すという読み方は、全文の意味がわからなくてもできる読み方である。できることから始めて、目を文章に向かわせ、目に入った情報から、「これは何だろう」「次は何だろう」と興味関心を喚起させる。すごろくを作る場面では、すごろくのマス目に書く質問文の材料となる部分を教科書から探し、書き写す作業が見られる。子どもたちは説明文の内容を理解するためではなく「すごろくを作る」ために、最初は敬遠していた教材文を読み、質問文になりそうな部分を探して書いていった。できあがったすごろくで遊ぶことも楽しかったと想像できる。だが、すごろくを作るプロセスで、最初は難しいと思っていた教材文が少しずつ読めて理解できたことこそが嬉しかったのではないだろうか。学習への興味関心をもち続けるためには、わかる喜びを体験することが重要である。もちろん、すごろくのような成果物がありさえすれば興味関心が喚起できるということではない。こ

の点は実践者も述べており、私たちも留意しておきたい。

　4年生の国語科「アップとルーズで伝える」の教材文には、サッカーやサッカー選手が登場する。写真も示されていて、「千年の釘にいどむ」と比べても子どもたちにとっては親しみやすく興味関心が喚起されやすいと考えられる。しかし、説明文の構造を理解する必要があり、また、小学校に編入して一年を経ていない子どもたちが対象ということもあって、興味関心を維持し文章理解につなげるための工夫が求められる。実践では、語彙カードや写真を利用して、重要なポイントを視覚に訴えて示している。また、学習する内容を絞り込んで焦点化し、日本語の力が多様な子どもたちが在籍学級で扱われる教材文に取り組めるようにしている。では、日本語の力に合わせて教材文をリライトする目的は何か。子どもたちの日本語が十分ではないことを考慮し、目標となる言語の形をやさしくして理解しやすくすることも目的の一つではある。しかし、それ以上に在籍学級から取り出されて指導を受けている子どもたちの、「在籍学級の友だちと同じことを学習したい」という気持ちに応えるために教科書の内容を取り上げるのだという。そのためにはリライトされていたとしても教科書の文章である必要があったのだと理解できる。

　興味関心を喚起する大切さはどんな子どもに対しても共通であろう。まず、興味関心をもつきっかけをつくること、その気持ちを保持し、自信と意欲につなげることがさらに大切である。外国人の子どもたちの場合、日本語の力が障壁になって興味関心に届かなかったり、興味関心をもち続けられなかったりすることがある。第3章の実践には、子どもの実態を見ながら、具体的な支援をしていく必要性を確かに見ることができる。

（池上摩希子）

第4章

子どもたちの「思考・判断」を促す仕掛けをつくる

実践報告 1

クイズ作りの過程を通して、判断の手掛かりに気づく

2年 国語科

「ともこさんはどこかな」

光村図書（平成17～22年度）『こくご2年上巻』

遠州浜小学校での実践：櫻井敬子

1 対象児童生徒……小学2年生5名

　3名は、日本生まれのブラジル国籍の児童で、母語はポルトガル語である。ブラジル人学校の幼稚部で過ごし、小学校から日本の学校に入学してきた。日常の会話は十分できるが、読み書きの力が弱く、感じたことや思ったことなどを書いて伝えることが困難である。教科学習の力は、個人差が大きい。

　2名は、ペルー国籍でスペイン語を母語とする児童である。そのうちの1名は、日本の保育園を卒園しており、母語よりも日本語のほうが強くなっている。日常会話も音読もよくできる。ただし、「書く」ことを伴う作業は時間がかかり、自分の考えを書いて表すことには困難がある。もう1名は、1年生の途中で来日・編入した児童である。日本語は会話もまだ難しく、母語でもうまく気持ちを伝えられないようである。ただし、発表等の活動では、繰り返し学習したことであれば、自信をもって行うことができる。

2 目標

　「ともこさんはどこかな」は、迷子のアナウンスから服装や様子を聞

き取り、絵の中から迷子を探す活動を行う、「話す・聞く」を中心とした単元である。外国人児童にとっても、視覚情報と聞く活動との組み合わせで、取り組みやすい。

単元目標 迷子を探す上で大切な情報を相手にわかりやすく話したり、聞き逃さないように聞き取ったりすることができる。

日本語の目標 「着る」「はく」などの着脱動詞を的確に使って、迷子の子どもについて服装と持ち物の特徴を、友だちにわかりやすく話すことができる。

3　学習指導計画……4時間

3-1　全体の流れ（★：本事例で紹介する部分）

活　動	支援の工夫
①迷子のアナウンスを聞き、学習課題を把握する。 （1時間：取り出し）	・迷子の意味を確認する。 ・迷子探しの活動を経験させ、学習の流れを説明する。
②迷子探しのための聞き取りのポイントを知る。 （1時間：取り出し）	・どの子が迷子かわかった理由を話し合い、聞き取らなければならない情報が何かを確認する。
③迷子のアナウンス文を作り、迷子探しゲームをする。★ （2時間：取り出し・在籍学級）	・動詞カードと衣類・持ち物を、色で組み合わせられるように提示する。 ・アナウンス文の型を示す。

3-2　活動のねらい（★の活動）

教　科 聞き取りのポイントをヒントに、わかりやすいアナウンス文を作り、迷子探しゲームをすることができる。

日本語 服装や持ち物に合わせて適した動詞を選び、型を利用して、整ったアナウンス文をつくることができる。

4 子どもたちの学習の様子

（1） アナウンス文で伝えることを確かめる

　3時間目、クイズがしたくて子どもたちはソワソワしていたが、教科書の絵を指して、「この子の迷子のアナウンスだったらどんなことを伝える？」と尋ねると、子どもたちからは「シャツとか、ズボンとか」、「持ってるもの」「色」と、服装やその色などについて、次々に発言があった。互いの発言を聞いて、アナウンス文をわかりやすくすることがクイズには大事だということに気づいたようだった。また、「わたしからやっていい？」といった発言もあり、活動への積極性が感じられた。

（2） 服装や持ち物を表す文の作り方を学ぶ

　次に、衣類と着脱等の動詞カードを掲示してアナウンス文の作り方を練習した。文の構造の複雑さから、①「～を着ています」②「赤い～を着ています」の順に、ステップを踏むようにした。

　①「～を着ています」の練習では、子どもたちは、教科書の絵を見ながら「この子、スカート…を」と言いながら、黒板に示されている動詞カードから、適した語を選んで衣類と動詞を組み合わせて文作りをしていた。文作りの途中では、「はく」…「はいています」と、動詞の活用を自分で声に出しながら確認する様子も見られた。

　②色などの修飾語を加えた文の練習では、まず、衣類を型抜きしたペープサートを利用して練習を行った。子どもたちは、ペープサートで

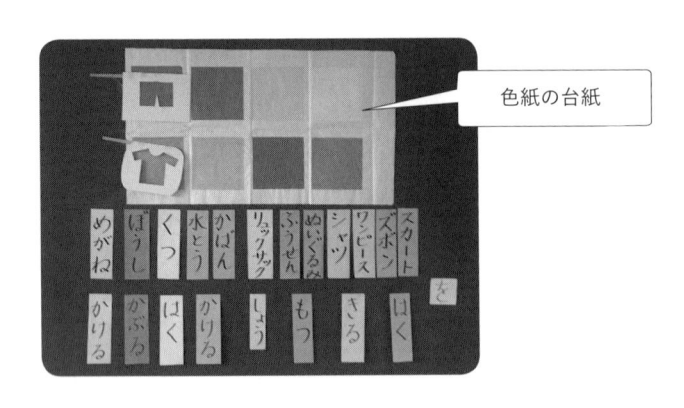

　　　　　　　　　　　　　　　　　　色紙の台紙

服装を決め、次に色を選んで台紙に重ね、「この子は、きいろいスカートをはいています」と、楽しんで取り組んでいた。この後、教科書の絵を見ながら、服装を伝える文作りを行った。

> これらのペープサートと色紙の台紙を変えるだけで、いろいろなバリエーションの練習を行うことができる。子どもたちはおもしろがって、交代しては何度も「赤いシャツ」「オレンジの服」などと練習をしていた。

（3） アナウンス文を作成する

　文作りの練習の後、子どもたち自身がクイズのためのアナウンス文をつくる活動を行った。まずは、迷子をどの子にするかを決めた。子どもたちは、すぐに見つけることができないような教科書の端にいる子に目をつけたり、物を持っていたり特徴的な服を着ていたりする子を選んでいた。次に、その子を探すためのアナウンス文作りを行った。（2）の文作りの練習の成果か、子どもたちは、迷うことなくアナウンス文作りに取り掛かっていた。できあがったアナウンス文の例を一つ紹介する。

　まいごのお知らせをします。
　ジョナタンくんという、8さいの男の子がまいごになっています。青いふくをきて、みどりのズボンをはいて、赤いリュックをしょって、黄色いふうせんをもっています。
　見かけた人は、かかりまでお知らせください。

（4） 在籍学級での迷子探しクイズに参加する

　取り出しの授業で迷子探しクイズをした後、在籍学級でのクイズに参加した。日本語教室で学んでいる子どもたちのクイズの後、在籍学級のクラスメイトから、次のような感想があった。

・ぼくが気づかなかった人を迷子にしていて、すごいなあと思いました。
・ぼくたちと同じ勉強をしていることがわかりました。

　取り出しの日本語教室で学ぶ子どもたちは皆、こうした在籍学級の仲間からの感想を、とても嬉しそうな顔をして聞いていた。

支援と子どもたちの学び―実践者の振り返り

（1）　アナウンスに関連付けた語彙・文法の学習
　子どもたちの普段の会話を聞いていると、着脱動詞の言い間違いや、名詞句内の語順を間違って「りんご赤い」のように言う子どもが多いことに気づいた。この単元では、迷子を探すために、何を着ているかを的確に伝える力が求められる。衣類の種類と着脱動詞の組み合わせや、名詞修飾について教えるよい機会になると思った。語彙や文法の学習を、「ともこさんはどこかな」のアナウンス文作りに関連付けて行ったので、子どもたちにとっても何のための学習かが明確だった。それが、文作りの練習に意欲的に取り組むことに結びついたのだと思う。

（2）　語彙カードやペープサート等の教具の利用
　最初は衣類を表すことばと着脱等の動詞をどうつなげればよいかわからなかった子どもが、自分で服装を表す文を組み立て、クイズを行うことができた。それは、まず「衣類の名前、着脱動詞」の確認、次に「衣類＋着脱等の動詞」の練習、そして、「色を表す形容詞＋名詞＋着脱等の動詞」というように、段階的に練習したことが有効だったのだと思われる。また、文字カードや色紙・ペープサートなどを利用しながら文作りをしたことで、子どもたちは「できる」「簡単」という気持ちで取り組めたのだろう。

（3） 子ども自身が選択し、決定する場面

　在籍学級でのクイズの後、クラスメイトから「気づかなかった人を迷子にしている」という感想があった。子どもたちが、どの子を迷子にするかを自分で判断してクイズを作ったことが、仲間から評価されたのである。もちろん、教師と相談しながら最終決定をしたのであるが、それまでに、アナウンス文を聞いて迷子を探したこと、聞き取りのポイントを確認したこと、そして、子どもたちの服装や持ち物を表現する文の作り方を学んだことが、自分で迷子の子を選び、自分でアナウンス文の内容を決める力になったのだと思う。学習の成果を生かして、子ども自身が考え、判断し、決定する場をつくることが大事だと改めて感じる。

実践報告 2

テキストと写真のマッチングによって情景を想像する
6年 国語科

「森へ」

光村図書(平成17～22年度)『国語六年上巻』

遠州浜小学校での実践：桑原久子

1 対象児童生徒……小学6年生5名

　5名全員が、ブラジル国籍で母語はポルトガル語である。そのうち2名は、ブラジル人学校より編入して約2年になる。日常会話では不自由しない。しかし、語彙の量が少なく、1名は語句の読み方や意味説明の補助があれば内容を読み取ることや内容についての質問に応えることができるが、もう1名は補助があっても困難が大きい。作文では、助詞の誤りが目立つ。他3名は、1年生のときから日本の学校で学んでいる。音読がスムーズにでき、物語等であれば、気持ちを想像したり自分の考えを表現したりすることができる。しかし、「森へ」のような、筆者が感じたことや考えが述べられている文章を理解するには、読解力が十分だとはいえない。文を書く力に関しては、助詞や接続詞の使用に課題がある。

　子どもたちの実態に基づき、ブラジル人学校から編入した児童2名とそれ以外の3名で、異なるワークシートを準備した。

2 目標

　「森へ」は、筆者が極北の森の厳しい自然の中に身を置いて、感じたり考えたりしたことを、写真と文章で構成した作品である。自然の美し

さ・豊かさ・厳しさ・不思議さ、そして、命の大切さを文章読解を通して感じ取ることが期待される。そこで、目標を、次のように設定した。

単元目標 森の様子や筆者の心情を想像しながら、「森へ」の未知の自然の物語を味わうことができる。

日本語の目標 情景(写真等)と文章を組み合わせてまとめる活動を通して、情景や筆者の気持ちについて感じたことを、友だちに伝えることができる。

3 学習指導計画……10時間

3-1 全体の流れ（★：本事例で紹介する部分）

活　動	支援の工夫
①「森へ」の教科書全文を音読し、内容を大まかに理解し、これからの学習への見通しをもつ。 （2時間：取り出し）	・新出漢字、本文へのルビ振りや難しい語句を調べさせる。 ・学校周辺の松林と動物の話をし、関心をもたせる。
②「森へ」の大体の内容を捉え、感想を発表し合う。★ （1時間：取り出し）	・スライドでリライト紙芝居をする。 ・場面ごとに挿絵、文章、見出しを組み合わせる活動をする。 ・個別のワークシートを準備する。
③「森へ」の内容を読み取る。 （5時間：取り出し）	・短冊カード・挿絵・写真・ワークシートを活用する。
④「森へ」の読後の感想をまとめる。 （1時間：取り出し）	・感じたことを表現する文型を示す。 ・挿絵・短冊カードを活用する。
⑤自分の読んだ本の紹介文を書き、交流する。　（1時間：取り出し）	・紹介文を書くときの文型や書き方の例を示す。

3-2 活動のねらい（★の活動）

教科 スライド紙芝居(リライト版)「森へ」を見て、ワークシートで場面ごとに内容を整理する活動を通して、大体の内容を理解し、心に残った感想を発表することができる。

日本語 場面ごとに挿絵と文章を組み合わせたり、小見出しをつけたりすることができる。

4　子どもたちの学習の様子

（1）　スライド紙芝居（リライト版）を視聴する

スライド紙芝居（リライト版）を見る

スライド紙芝居（リライト版）の一部

　単元の導入として、子どもたちにスライド紙芝居（リライト版）を見せた。そのとき、教科書の挿絵の他に、「森へ」の写真絵本『たくさんのふしぎ傑作集』（福音館書店）の写真「サケの大群」「倒木」「根が足のように生えた木」や、インターネットから取り込んだ「ハクトウワシ」「氷河」「入り江」の画像を提示した。子どもたちは「あれが、サケの大群か。すごい」等の反応をしながら、森の様子を想像していた。

（2）　挿絵を並べ替える

　スライド紙芝居の視聴後、挿絵の並べ替え作業を行った。子どもたちは、紙芝居で印象に残ったことを頼りに、「これって、クマの道を見つけた後だったよね」等と話しながら、文章の流れに合わせて挿絵を並べ替えていた。

次の、挿絵とそれに合う小見出しを組み合わせて黒板に貼る活動では、「これは、白いキノコだから…見出しはこれかな？」と写真と小見出しのことばを組み合わせていた。
　これらの活動で、文章全体の大まかな内容とそれを表すことばを結びつけて理解することができたようだった。

（3）　ワークシートで内容を整理する

　ワークシートで内容を整理する活動を行った。ワークシートの上段には挿絵があり、段落（場面）の見出しと文章のカード（計12枚）から、挿絵に該当するものを選ぶようにした。子どもたちは、教科書の本文や黒板の写真・小見出しと照らし合わせながら、文章カード６枚と小見出しカード６枚を組み合わせてワークシートに貼っていた。日本語の力が高い３人には、空欄がある文章カードを配布し、文章を読んで内容にあったことば（「栄養」「樹林」）などを書き込むことも課題にした。

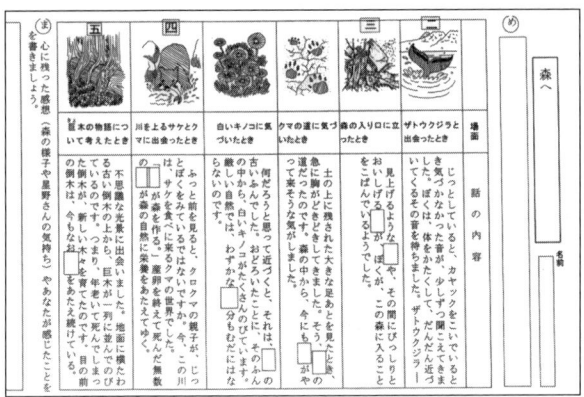

上位レベルのワークシート　（本文に空欄あり）

（4）　心に残った場面を発表する

　ワークシート活動の結果を、黒板の写真の下に文章カード（板書用に拡大したもの）を貼って確認した。その後、子どもたちは自分の感想を話し合った。

> 森には巨木やおいしげる樹木があるなんて、初めて知った

> 森や動物が助け合っている

> 森には不思議なことがたくさんある

支援と子どもたちの学び──実践者の振り返り

　日本語が不十分な児童にとっては、「森へ」の文章は長い。加えて、植物に関する非日常的な語彙が多く使われ、擬人法の表現も少なくない。そのため、話の流れをつかみ、内容を理解するには、支援が必要となる。

（1）　視覚的情報の利用
　本実践では、内容理解を促すために、写真を提示するなどしてことばの意味を丁寧に伝えることに配慮した。具体的には、第2次に、スライド紙芝居（リライト版）を見せた。児童が知らない語彙の意味だけではなく、視覚的に示したことで、描写されている森の様子がイメージしやすくなり、全体の情景を想像することに役立った。また、映像に添ってリライトされた文章を読むようにしたた

め、話の大体が捉えやすかったようである。スライドで使った写真画像は、その後の学習でも児童の内容理解にとって有効だった。

(2)　絵と見出し・文章の組み合わせ

二つ目の支援の工夫は、挿絵と小見出し、そしてカード化した文章を組み合わせる活動を行ったことである。子どもたちは、紙芝居で知ったことばを思い出しながら、挿絵に合った見出しを選び、教科書の本文と文章カードを読み比べて挿絵に合うものを選んでいた。それは、内容の深い理解に結びつき、効果的だった。

(3)　音読と辞書を引くこと

その他、日々の学習活動として音読と辞書を引くことの重要性を改めて感じた。毎日音読練習をすることで内容がわかり、理解が促される様子が見られた。音を聞いて意味のまとまりを捉えることが、文字のみの情報では理解が困難な児童にとっては、大きな助けになっていた。

また、題材の文章中の難しい語句を辞書で調べる活動は、知らない語句を意識する、国語辞典でことばの意味を知る、文章の読み取りでその意味を生かすという、自力で学ぶ力になると感じる。辞書の使い方への慣れは重要であり、積み重ねて高めていくことが大切だし、内容を読み取るための基本的な力の一つだと思う。

実践報告 3 図式化により情報を関連付けて未知の事柄を理解する

6年 国語科
「平和のとりでを築く」

光村図書（平成17～22年度）『国語六年下巻』

瑞穂小学校での実践：近田由紀子

1 対象児童生徒……小学6年生5名

　5名ともブラジル国籍の児童であるが、うち4名は滞日期間が約3年で、母語はポルトガル語である。来日前の就学期間は1年半程度であった。日常生活に必要な日本語の力はついてきたが、学習意欲や学習活動に必要な日本語の力には、4名の間に大きな個人差が見られる。総じて、語彙が少なく、教材文にはルビ振りが必要である。取り出しの指導では積極的に思いを伝えようとするが、在籍学級ではあまり発言しない傾向がある。本事例の題材である原爆に関する知識はほとんどない。

　あとの1名は日本生まれで、ポルトガル語は聞く力はあるが、主となる言語は日本語である。教科書の音読もできるが、要旨を捉えたり自分の考えをことばで表したりするときにつまずく。

2 目標

　「平和のとりでを築く」は、原子爆弾によって傷だらけとなった物産陳列館が、多くの人々の平和を願う心によって、世界遺産「原爆ドーム」となった経緯を述べた文章である。目標は次のように設定した。

単元目標 筆者の考えと自分の考えを比べながら「平和のとりでを築く」を読み、必要な資料を収集して自分の考えを発信することができる。

日本語の目標 平和について考えたことを、「～と考えます。それは～だからです。」等の表現を使って、友だちに伝えることができる。

3 学習指導計画……12時間

3-1 全体の流れ（★：本事例で紹介する部分）

活　動	支援の工夫
①題名から筆者の考えを予想する。★1 （2時間：取り出し）	・題材に関連のある絵本や挿絵などを活用して読解に必要な知識を確認する。 ・「平和」ということばから連想できることばをマッピングで示す。
②「平和のとりでを築く」を読む。 （4時間：在籍学級・取り出し）	・リライト教材を活用し、内容を捉えやすくする。短冊カードを板書に活用して学習内容をわかりやすく整理する。 ・個別にワークシートを準備する。
③筆者の考えについて話し合う。★2 （2時間：在籍学級・取り出し）	・短冊カード・写真を活用する。 ・インタビュー活動を取り入れる。
④平和についての自分の考えを伝える （4時間：在籍学級・取り出し）	・必要な情報収集の方法を知らせる。 ・表現に必要な文型を示す。

3-2 活動のねらい

★1の活動

教科　「平和のとりでを築く」という題名から、筆者の考えを予想したり「平和」について自分の考えを話したりすることができる。

日本語　「平和」について考えるための語彙を増やすことができる。また、「～と思います」等の表現を使って、考えを書くことができる。

★2の活動

教科　ここまでの学習をワークシートや短冊カードで振り返った

り、インタビュー形式で筆者の考えを確かめたりする活動を通して、筆者の考えに対する自分の考えをもつことができる。

日本語　「～とちがって」「～とにていて」などの表現を使って、自分の考えを話したり書いたりすることができる。

4　子どもたちの学習の様子

★1の活動

（1）　歴史的背景について事前に話し合う

　子どもたちは日本の歴史や戦争についての知識をほとんどもっていなかった。そこで、原子爆弾が投下された当時の地図や写真を見て話し合うことから活動を始めた。地図と写真を見た子どもたちは次のような内容の発言をしていた。

> A：こわれている。何もない。すごく広い。
> B：（原爆投下前後の二枚の写真を比べて）全然違う。
> C：BOMBA があった。

　この後、原子爆弾を知っているかどうかを問うと、「知ってる。知ってる。BONBA ATOMICA。強いんだよ。」「でも知ってるのはそれだけ。」という反応であった。

（2）　題材に触れて課題が生まれる

　こうした子どもたちの実態から、まず、絵本『ヒロシマのぴか』（丸木俊、1980 小峰書店）の読み聞かせを行った。その後、「平和のとりでを築く」の母語訳の本を見せたり、リライト教材で読み聞かせたりした。その感想を話し合ったときには、子どもたちは次のようなやりとりをしていた。

> A：(涙ぐみながら)かわいそう。
> B：原子爆弾一個で、ひどい。
> C：だから写真みたいになった。
> D：なんでドームだけ残ったの。壊れないの。

> B：「とりで」って何？
> D：さくのこと？

　絵本やリライト教材での読み聞かせの前には、原子爆弾の性能について話していたが、読み聞かせ後は、戦争や原子爆弾投下による惨状を想像して心を痛めていることがわかる。題材への関心が高まると疑問もわいてきたようで、「平和のとりでとは何のことか」、「ドームは壊れないのか」などの学習課題が生まれた。

(3)「題名」について考える

　子どもの「とりでって何？」「さくのこと？」という発言から、「平和のとりでを築く」の意味を話し合った。そのとき次のようなやりとりがあった。

> 　児童Aが「敵から守るんじゃないの？」といった発言をすると、それに対して「敵って誰？」と他の子どもから反応があった。すると、Aは「心で止めるんだと思う」と応じた。また、他の子どもたちから「どういうこと？」といった疑問が投げかけられた。それを聞いて、その児童は自分から前に出てきた。そして、人間の姿の絵を黒板に描き、その胸の部分を指さして「ここ(心)で、思って、やさしい気持ちで、だめって、止めるんだ」と説明した。

　子どもたちは社会科の授業で「さく」や「とりで」についての知識は学習している。そのことと関連させて話し合いが進んでいった。「心で止める」と言ったAは、絵本やリライト教材を読み聞かせたときに、

第4章　子どもたちの「思考・判断」を促す 仕掛けをつくる　　97

涙ぐんでいた。Aは心の中にとりでがあるという自分の考えを、日本語ではうまく説明できないので、黒板に人間の絵を描きながら伝えようとしたのである。

(4) 「気づいたこと・知りたいこと」を書いて表す

次に、題材について「気づいたこと・考えたこと・もっと知りたいこと」をワークシートに書いた。ワークシートには、既習文型や重要語句を載せておいたが、子どもたちがそれらを利用して、感想や更なる関心について書いていることが見てとれる。

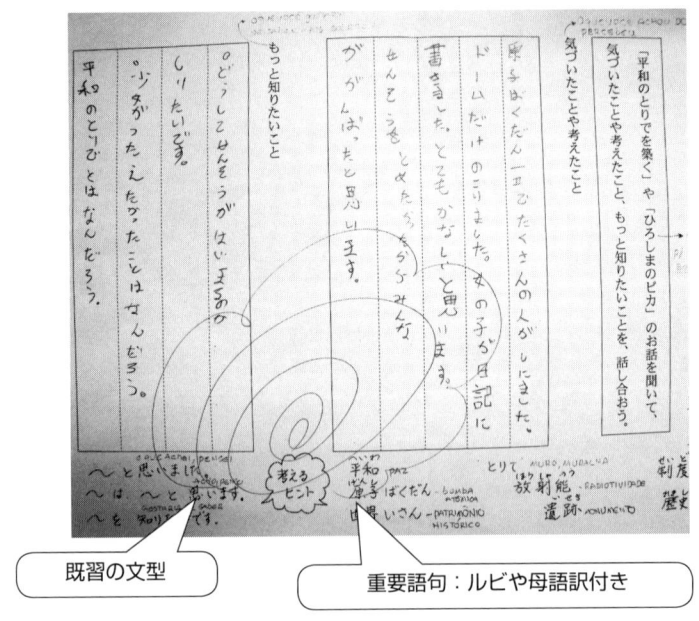

既習の文型

重要語句：ルビや母語訳付き

ワークシート「気づいたこと・考えたこと・もっと知りたいこと」

(5) 平和について話し合う（マッピング）

教材文の筆者にとって「こころ」が鍵であることを確認し、それにつ

いて自分の考えを話し合った。話し合いのための仕掛けとして「平和」から連想できることばをワークシートに書き出す作業(マッピング)を行った。たとえば、「平和」から「友だち」、「友だち」から「家族」と連想を広げ、ことばをつないでいく。次々につぶやきながら書いていく子どももいたが、2、3個しか浮かばない子どももいた。下に例を示す。

> 家族
> 友だち
> やさしい

> 世界
> 楽しいこといっぱい
> たのしい

> こころ
> 青空
> 夢のよう

そこで、個別に「自分の周りのことで考えてみましょう」と声をかけた。その結果、書き出せることばが増えた子どももいたし、板書してあることばから選んで書き写している子どももいた。子どもたちが出してきたことばを教師が板書してまとめながら、分類、整理した。以下は子どもたちがそれぞれに書いたワークシートの例である。

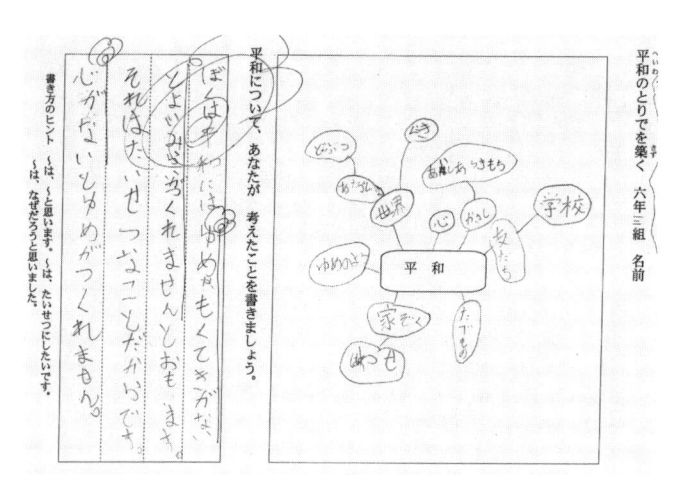

ワークシート「マッピング・平和について考えたこと」

第4章 子どもたちの「思考・判断」を促す 仕掛けをつくる

★2の活動

(1) これまでの学習をワークシートや短冊カードで振り返る

②の読む活動で使った短冊カード（原爆ドームが世界遺産になるまでの主な出来事を年代順に抜粋したもの）を示して、原爆ドームが世界遺産になるまでの道のりを振り返り、事実や人々の思いを確認した。説明文は難しいことばが多いので、表現を精選して作った。この短冊カードは必要に応じて繰り返し使用することになった。また、ことばの意味を下のような板書やりとりを通して理解できるように工夫した。

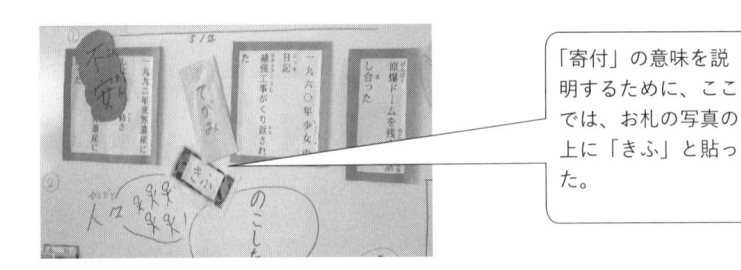

> 「寄付」の意味を説明するために、ここでは、お札の写真の上に「きふ」と貼った。

> このハート形には、原爆ドームを残したいという心と、原爆ドームは悲劇を思い出すので壊したいという心が隠れていて、操作できるようにしてある。

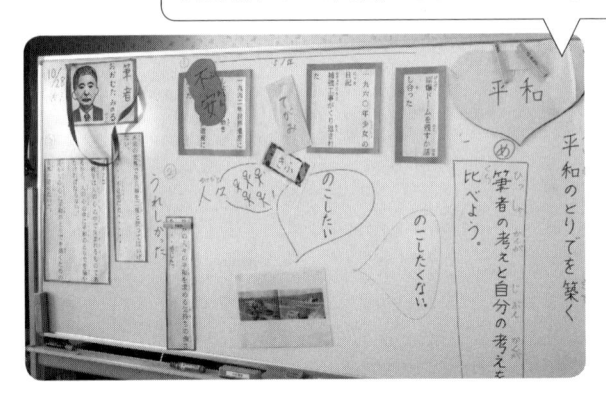

子どもたちは自分が書いたワークシートを取り出して板書と対応させ、人々の願いによって原爆ドームが世界遺産になったことを確認していた。

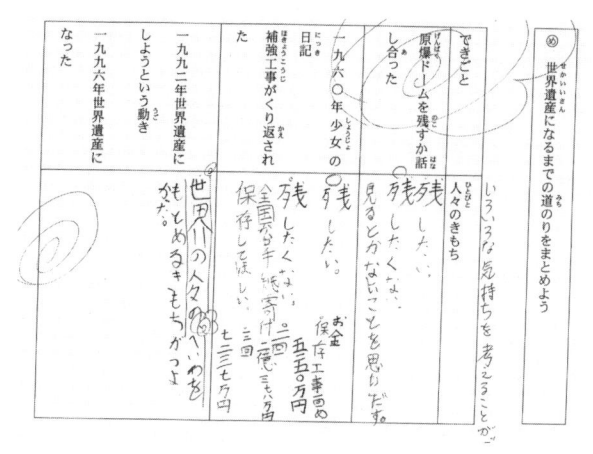

ワークシート「世界遺産になるまでの道のり」

(2) インタビュー形式で筆者の考えを確かめる

　本文から筆者の考えを読み取ることは難しいので、筆者にインタビューをして考えを確かめる活動を取り入れた。インタビュアー役と筆者役になり、やりとりをした。インタビューをするときに日本語がうまく運用できない子どもには、モデル文を書いたカードを渡して利用できるようにした。

【インタビュアー役】	【筆者役】
Q. 審査を受けるとき不安でしたか。	A. はい。
Q. なぜですか。	A. 原爆ドームが小さいからです。
Q. 世界遺産になったとき何を感じましたか。	A. 嬉しいと思いました。 　　人の気持ちが強いと思いました。
Q. 原爆ドームを見る人の心に平和のとりでを築くことができますか。	A. できると思います。戦争は心の中で生まれるものだからです。

第4章　子どもたちの「思考・判断」を促す 仕掛けをつくる

モデル文を見なくても、板書を見ながらインタビューの質問と答えを考える子どももいた。

(3) 筆者の考えに対する自分の考えをもつ

その後「筆者の考えに対して自分はどう考えるのか書きましょう」と促したが、ことばで表現することに抵抗を感じている子どももいた。そこで、個々の実態に合わせて、ワークシートを工夫した。

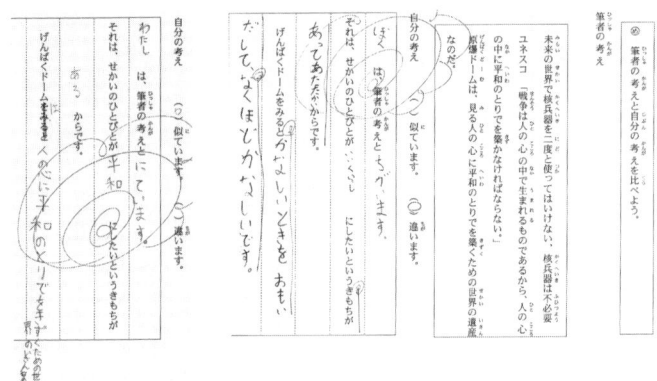

ワークシート 「自分の考え」〜書くのが苦手な子どもの例〜

上に示したのは、書くことが苦手な子どものワークシートの例である。「自分の考え」の下の「似ています」「違います」に○をつけてから、自分の考えを書き加えている。

支援と子どもたちの学び―実践者の振り返り

外国人児童にとっては、原子爆弾そのものやその被害をイメージすることは日本人児童以上に難しい。そのため、写真や絵本、読み聞かせなどを通して、この教材文を読むための事前指導が必要であった。これらの活動があって初めて、戦争や原子爆弾の脅威、災

禍にあった人々の心を想像することができたと考えられる。特に本教材は『「人々の願う心」が「平和のとりで」となっていること』を伝えているものなので、原爆投下時の様子や人々の心情を想像するための情報がないと、要旨を捉えることは難しい。そのため、外国人の子どもたちに合った関連教材として、絵本は効果的であった。

　これらの活動を通して考えをもつことができた子どもの中には、在籍学級での一斉授業で初めて発言できて自信をつけた子どももいた。また、語彙が十分でなく、自分の考えを広めたりまとめたりすることが苦手な子どもたちにとって、マッピングは効果的であった。運用できることばが増えたことがわかっただけでなく、このときに扱ったことばをヒントカードにしてその後の学習でも活用した。それによって定着を図ることができた。

　しかし、事前指導には時間もかかる。在籍学級の学習の進度を考え、計画的に指導していく必要がある。内容を読み取り自分の考えを深めていく学習活動では、表現を精選し視覚的にも整理しやすいように板書に工夫をした。短冊カードや写真は、長文で難解なことばが多い高学年の教材文には役に立つ。ハート形のカードや手紙などにより、短時間で子どもたちが要点をつかめるように工夫をしたが、効果があったと思われる。インタビュー活動も学習意欲を高めたり考えを広げたりする上で有効であった。

　一方で、よりよい支援をしようとすると、内容が盛りだくさんになり理解が難しくなりがちである。どこまで焦点化できるかが課題だろう。

実践報告 4

資料の比較を通して、事象の歴史的意味を考える

6年 社会科
「明治の国づくりを進めた人々」

東京書籍(平成17〜22年度)『新しい社会六年上』

瑞穂小学校での実践：近田由紀子

1 対象児童生徒……小学6年生3名

　3名ともブラジル国籍の児童で、母語はポルトガル語である。Aは、日本生まれで、外国人学校に就学していたが、6年生から公立小学校に編入した。日常会話は十分ではないが、就学歴があり、学習の基盤はできている。また、知的好奇心も強い。

　Bは、幼児期に来日し、外国人学校に就学していた。本実践の段階では公立小学校へ編入して約1年半が経過していた。日本語の上達が早く教科書もほぼ読めたが、社会的事象の意味を捉えることには困難さを感じていた。Cは、小学校1年から公立小学校に就学している。教科書の音読はほぼできるが、学習の基盤となる知識・技能の習得は十分ではない。

2 目標

　この単元では「明治の国づくりを進めた人々」について学ぶ。明治維新により、およそ700年続いた武士の時代が終わり、僅か20〜30年の間に社会が急速に変化していった。そのことは歴史的変化の事象として捉えやすいが、学習内容も多く理解が困難な単元でもある。提示する資料

を精選して明確な課題をもてるようにしたり、自分の今の生活との関わりで考えを深めさせたりする工夫が必要である。また日本人の海外移住が始まった時代でもある。日系人の子どもにとっては、自分たちの生活との接点が感じられ関心をもちやすい単元であり、重視したい。そこで、目標を次のように設定した。

単元目標 明治政府ができて、欧米の制度や文化を取り入れて国のしくみや社会が変わっていったことを調べ、今の暮らしと関連付けながら、明治維新の目的を考えることができる。

日本語の目標 比較を表す日本語の表現を使って、変化していく社会の様子を、自分のことばでまとめて伝えることができる。

3 学習指導計画……7時間

3-1 全体の流れ（★：本事例で紹介する部分）

活　動	支援の工夫
①明治維新に関心をもち学習計画を立てる。★ 　　　　　（1時間：取り出し）	・2枚の絵を比べて話し合うことで、急激な変化について関心がもてるようにする。
②明治時代の国のしくみや社会の変化を調べる。 ・黒船来航による動き ・新しい政府の政策 ・産業の発展 ・人々の暮らし ・自由民権運動 ・国会開設と日本国憲法 　（5時間：在籍学級・取り出し）	・絵図や年表、動画など具体的な資料を活用する。 ・社会の変化を今の自分の暮らしと比べたり、関連付けたりしながら探求できるようにする。 ・ワークシートの資料に吹き出しをつけてセリフのように書き込ませることで、人物の願いや思いを書き表しやすくする。
③学習のまとめをする。 　　　　　（1時間：在籍学級）	・②の学習活動で活用した絵図を並べて、自分のことばで説明して知識を確認できるようにする。

3-2　活動のねらい（★の活動）

教科　教科書の2枚の絵で江戸時代末期と明治維新後を比較したり、年表で事実を確認したりすることを通して、この間に社会にどのような変化が起こったのかを想像し、学習課題をもつことができる。

日本語　何がどのように変わったのかを「～が～に変わりました。」という文型を使って発表することができる。

4　子どもたちの学習の様子

（1）　2枚の絵を比べる

　江戸時代末期と明治維新後の2枚の絵図が同じ場所を描いたものであることを確認した後、違いについて話し合った。視覚的情報から違いが明らかであっても、外国人の子どもたちにとってそれらをことばで説明することは難しい作業となる。そこで、次の二つの支援を行った。

① 　ものの名前をその場でカードに書きながら絵とことばを対応させた。「かご・着物・馬車・人力車・建物・洋服」などである。
② 　発表を促すためのモデル文として「～が～に変わりました。」という文型を黒板の「今日の日本語」という箇所に示した（p. 108の板書の写真）。

　絵図を見て気づいたことを表す語彙や表現を確認できると、子どもたちは次のような内容で積極的に発表を行った。

> T：何が変わりましたか。

> A：（絵図とカードを見ながら）「かご」が「馬車」に変わりました。
> B：「かごをかつぐ人」が「人力車を引く人」に変わりました。
> C：「着物」が「洋服」に変わりました。

（2） 子どもが作った資料や具体的な数字を手掛かりにする

　長く続いた江戸時代から明治時代に移って急速に変化したことを、驚きとして実感できるようにしたいと考えた。絵図に描かれた年代に注目したり年表で確認したりしたが、これだけでは実感には至らない。そこで、江戸時代がどれだけ続いたのかを、前単元で子どもが作った徳川家康に関する資料（歴史クイズで作成した徳川家康の画像）も板書に活用して考えさせるようにした。次のエピソードがそのときの様子である。

> 　教師が江戸時代はどのぐらい続いたのかと聞くと、Bは「家康が江戸幕府を作ったのは、1603年だから……」と考え始めた。そこで、Aが前の単元で歴史クイズとして作った徳川家康に関する資料を示した。Bはそれを見て、「明治時代から引き算すると……」と計算し、「260年くらい」と答えを出した。他の子どもたちは口々に、「家康はそんなに生きていたのか」、「そんなわけがない」と反応する。そこで、教師のほうから「家康はなくなったけれど、その子どもが……、またその子どもが……」と徳川家が代々将軍職を継いで江戸時代が続いたことと、鎖国をしていたことなどを説明した。これで、江戸時代についての復習ができた。続けて、「この絵と絵の間は何年ですか？」と尋ね、江戸時代末期の絵図と明治維新後の絵図が描かれた年代から、変化に要した期間を考えるように促した。11年ということがわかると子どもたちは「それだけ？なんで？」と驚く。260年続いた江戸時代が明治維新を経て明治時代になって、それからの変化の速さに、さらに関心をもったようだった。

　また、Aは日本語の会話力も十分ではなかったが、教師とクラスメイトとのやりとりで自分が作った資料が使われていることや具体的な事実を確認できたことで、学習意欲が高まった。理解のための手掛かりを工夫することで、子どもたちの「なぜ急激に変化したのだろう。調べてみたい」という興味関心を喚起し、学習課題を考える活動につなげることができた。

（3） 板書を工夫して情報を整理する

　板書は、子どもの学びを促したり1時間の学習内容を整理して確認したりするために非常に重要である。日本語の力が十分でない子どもたちのためには、ことばを精選し、必要な語彙や表現を板書として加えていった。なおかつ子ども自身が作った資料を提示したり色カードを活用したりして、情報を整理した。子どもにもわかったことを黒板に書かせたが、それらをよく見て考えようとしていた。

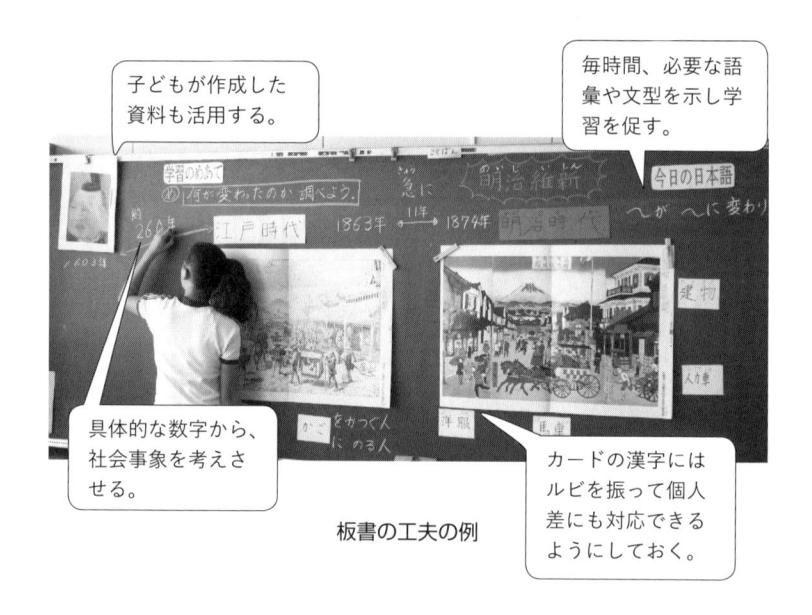

子どもが作成した資料も活用する。

毎時間、必要な語彙や文型を示し学習を促す。

具体的な数字から、社会事象を考えさせる。

カードの漢字にはルビを振って個人差にも対応できるようにしておく。

板書の工夫の例

支援と子どもたちの学び─実践者の振り返り

　絵図や写真の活用とともにことばカードや文型を示すことで、学習言語能力が十分でない子どもも、社会科としての探究活動をすることができた。また年代や年表で事実を確認するとともに、開国によって人々の生活が急激に変化したという社会事象を明確にすることで、内容をはっきりと理解したり、定着していない学習事項を復習したりすることができた。そして何より子ども自身が作った資料を学習活動の中で活用し、子どもに積極的に黒板を活用させることが有効だった。「なんとなくわかった」ではなく、長い鎖国の後、開国によって急激に社会が変化したことを自分で判断し理解することにつながったと考える。

　一方で、日本人の海外移住が始まった経緯やその歴史について、社会科として詳細に扱うには時間的に難しさがある。在籍学級での総合的な学習や国際理解のイベントなどと関連させ、年間計画を作成して実施していくことも、日本語教室における学習支援の一つのありようではないだろうか。

活動の工夫

近田由紀子先生の実践
（実践校：浜松市立瑞穂小学校）

カードに書いてしりとりをしよう ②

教科書の漢字熟語は難しいけれど

　4年生の国語では漢字学習の一つの方法として、漢字でのしりとりがあります（「カンジーはかせの漢字しりとり」光村図書平成17〜22年版『国語四年上巻』）。教科書に提示されている熟語が難しいと、漢字に苦手意識をもつ子どもたちは敬遠しがちな活動です。しかし、簡単な漢字熟語でなら楽しくできることに気づかせ、さらに、在籍学級で発表する活動と組み合わせることによって、子どもたちにやる気をもたせることができます。そんな工夫をした、近田先生の実践です。

表現方法を工夫して在籍学級でも披露する

　「漢字しりとりなんて、難しい…」そう言って尻込みする子どもたちに、たとえば、次のように問いかけてみました。よく知っている熟語でなら、少し苦手な漢字でのしりとりもできることを子どもたちは感じていました。

　　S＝漢字しりとり、難しいよ。
　　T＝ひらがなならできますか。
　　S＝できまーす。「りんご」「ごりら」！
　　T＝じゃ、「か」の付くことばは？
　　S＝「かようび」
　　T＝（画用紙で作ったカードに書くように促す）
　　S＝「かようび」（と声に出しながら「火よう日」と書く）

できるようになると、もっと活動を続けたくなります。やりとりで思い浮かんだ漢字熟語を画用紙で作ったカードに書くようにすると、次々と漢字熟語カードができました。このカードは次の在籍学級での発表の段階でも使いました。

　教科書には「カンジーはかせ」が登場するので、近田先生はその「博士」にちなんで、画用紙で学帽を作りました。子どもたちに見せると、「わあ、すてき」。さっそく学帽をかぶって「博士」になり、発表の練習をしました。こうした「小道具」も子どもたちを「その気」にさせ、発表というパフォーマンスに向かわせるのに有効です。取り出しの教室で上手に発表できたので、在籍学級でも披露することになりました。

メッセージカードで双方向性を

　上の写真は在籍学級で発表しているところです。一生懸命に発表し、緊張している様子が伝わるのでしょうか、在籍学級の友だちは皆、真剣に聞いてくれました。このとき、担任の先生は友だち一人ひとりにメッセージカードを渡し、発表した外国人児童に宛てて感想を書く活動をしてくれたそうです。そのカードの例をご覧ください。そして、発表が終わってから、カードをまとめて外国人児童にプレゼントしてくれたそうです。発表した児童は嬉しかったでしょうし、在籍学級の児童も外国人児童ががんばっている姿を見て、励みになったようです。メッセージカードを介在させることで、双方向のやりとりが成立した活動の例と言えるでしょう。

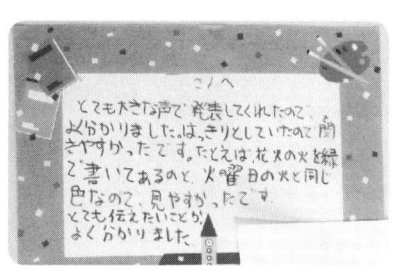

> コメント

第4章

考える手掛かりが得られる活動展開
―子どもの「思考・判断」を促す仕掛けをつくる―

　授業中、教師はよく「なぜ、どうして？」「何に気づいた？」「あなたの考えは？」と子どもたちに質問する。それは思考を促す上では欠かせない問いである。しかし、日本語を学んでいる外国人児童生徒にとっては、考える手掛かりや表現のヒントがないため、この問いに応じることは難しい。第3章で紹介した四つの授業事例では、外国人児童の日本語の力を考慮し、認知的必要性のある活動をスモールステップ化し、教材に工夫をして、子どもたちが思考し、判断するための仕掛けをつくっている。

　2年生の授業「ともこさんはどこかな」で、児童は「○○ちゃんとは違う難しいのにしたい」と、公園に集う子どもの絵の中から一人を選んでクイズを作っていた。服装の違いに目を向け、難しさを判断しなければならないが、それを可能にしたのはクイズ作りの前の二つの活動である。まず、クイズに答える活動を通して、服装を見る観点への気づきがあった。次の色紙やペープサート等を操作しながら行った服装の説明によって、各観点が言語（日本語）化され明確になる。こうしてスモールステップで進められた一連の活動を通して、子どもたちは、観点をもって難しさを判断し、クイズを作成することができたのである。

　次の、6年生の国語科「森へ」の授業では、子どもたちはテキストで描写された情景を想像的に理解し、自身の体験に関連付けながら筆者の気持ちを考えている。スライド紙芝居によって、森の全体的なイメージを抱くと同時に、テキストの内容が大まかに把握される。その

後、挿絵(写真)の並べ替え活動を通して、子どもたちはテキストの内容構成を理解する。大画面のスライドに、子どもたちは経験的知識を活性化させ、それを土台にテキストの理解を進める。さらに、挿絵(写真)と文章の組み合わせは、日本語の表現への意識化を生み、内容のより細かな理解に結びついた。子どもたちの感想には、視覚化と操作的活動を通して、テキストが伝える自然の尊さと筆者の思いを想像的に理解していたことが現れている。

同じく6年生国語科「平和のとりでを築く」の授業では、子どもたちは新たに得た情報同士を関連付けながら過去の出来事を理解し、それに対する自分の考えをもつことができた。テキストの読み取りの前に、原爆投下時の地図や写真をもとに戦争について学んでいるが、そこで学んだことに関連付けながらテキストの内容理解を進めている。また、題名から内容を想像する活動で、既有知識をもとに課題意識が形成される。さらに、事実を書き出した短冊やワークシートにより、読み取った出来事の関連性が図式化され、理解は正確さを増す。その後のインタビュー活動においては、子どもたちは段階的な読み活動で作られた理解をもとに、想像性を豊かに発揮している。

6年生の社会科「明治の国づくりを進めた人々」の学習では、子どもたちは情報収集・処理・再構成の活動を通して、人々の生活の違いを時代の変化に関連付けて理解している。江戸時代末期と明治時代の絵図を比較して違いを具体的に読み取り、変化の大きさを言語化して整理する。その後、二つの絵が描かれた時代の間隔を、江戸時代の年数と比較して捉えることによって、この変化の歴史的な意味を感じ取っていた。歴史的資料の読み取りを言語化して丁寧に行い、気づいたことを既習事項に関連付けて歴史全体の流れに位置付けることによって、子どもたちは歴史の見方を学んでいた。

四つの実践から、子どもたちの思考を支える言語の力を高める授業のあり方について、次のような点が確認できる。子どもたちの経験や既有知識を活性化し、それに関連付けることによって、新しい内容の

理解は促される。並べる、組み合わせる等の操作や資料を比べるといった活動を通して、子どもたちは思考の手掛かりを得る。全体と部分、部分同士の関係などを絵図等で再構成する活動を通して、内容の理解が深まる。そして、自分の判断をもとにした選択や想像する活動を通して、その日に学習した内容が活用され、自分自身の学びとして内在化する。これらの活動を段階的に配置することで、思考を促す仕掛けが生まれる。

　そして、これらの実践では、教師が、子どもたちの様子を見とりながら、子どもの心や頭に浮かんだ疑問やアイディアを引き出し、それを学んでいる事柄に関連付けるためのヒントを与えている。思考を促す仕掛けが有効に機能するには、そのときその場で子どもたちの学習参加の状況に応じて行われる教師の支援が非常に重要だということが示唆される。

（齋藤ひろみ）

第5章

子どもたちの「理解・表現」を支援する

実践報告 1

モデル文と観点カードをヒントに文章を構成する
2年 国語科
「かんさつ名人になろう」

光村図書（平成17～22年度版）『こくご二年上巻』

遠州浜小学校での実践：櫻井敬子

1 対象児童生徒……小学2年生9名

　全員が日本生まれのブラジル国籍の児童で、母語はポルトガル語である。そのうち1名は、1年の3学期にブラジル人学校から編入してきた児童で、1年生の学習内容はまだ身に付いていない。他8名は1年入学時からこの学校で学んでいる。そのうちの7名は日本の就学前教育を受けており、他の1名は外国人学校の幼稚部に通っていた。8名とも、日常的な会話ではあまり問題は見られないが、「読む」「書く」力が弱く、国語の学習になかなか意欲的に取り組めない。

2 目標

　「かんさつ名人になろう」は、育てている野菜について観察したことを文章で表すことをねらいとする単元である。2年生の児童は、生活科で、観察したことや調べたことを「みつけたよカード」に記録する活動を行う。この単元で培った力は他の教科でも生かされると考え、次のように目標を設定した。

単元目標　野菜を観察して気づいたことやわかったことを、相手に伝

わるように、書き表し方を工夫して書くことができる。

日本語の目標　色や形、においや手触りを表す表現を利用して、観察したことを文に書くことができる。

3 学習指導計画……6時間

3-1 全体の流れ（★：本事例で紹介する部分）

活　動	支援の工夫
①教科書の教材文を読み、これからの学習に見通しをもつ。 （1時間：取り出し）	・観察記録文のモデルを示し、どんな目的で何を伝えているのか確認する。
②何を観察するかを知り、観察したことを表現するスキルを学習する。 （1時間：取り出し） ③実際にミニトマトを観察し、観察記録文を書く。★ （3時間：取り出し）	・色、形、大きさ、手触り等、五感で捉えたことを表す表現を示し、使えるように練習する。 ・日本語力で2グループに分ける。 ・一緒に観察をしながら問いかける、学んだ表現を示す等、観察メモへの記入を補助する。
④発表会をし、その後観察記録を掲示する。　　　（1時間：取り出し）	・観察記録を写真付きの観察カードにし、他の児童が見られるよう廊下に掲示する。

3-2 活動のねらい（★の活動）

教科　知らせたいことが相手に伝わるように、観察記録文を工夫して書くことができる。

日本語　観察記録の内容と構成について知り、観察メモをもとに、五感で捉えたことを表す表現を利用して観察記録文を書くことができる。

4 子どもたちの学習の様子

(1) 観察活動で利用する語彙を確認し活性化する

観察の前に、実物を見たり体験したりしながら、植物の部位を表す「花」「くき」「は」などのことばや、視覚や嗅覚などの感覚で捉えたこ

とを表すことばを学んだ。子どもたちは、バイリンガル支援員から母語で補助してもらいながら、下のようにして手触りの表現を学んでいた。それらを、整理して板書したものが左の写真である。意味と表現を結びつけやすいように、どの感覚を利用するかを絵で表し、観点別に色分けして示した。

　Ａさんがミニトマトの葉をさわりながら、ポルトガル語で「綿みたい」というと、それを母語支援員が担任の私に訳してくれる。私もＡさんが触った葉を触りながら、「本当だね。よく見て！」「短い毛がたくさんはえているよ。こういうときは『ふわふわ』っていうことばを使うといいね。」と話しかけると、母語支援員が訳して伝える。それを聞いて、Ａさんは「ふわふわ」と言いながら、作文メモに「ふわふわ」と書き入れる。

Ａさんが「ふわふわ」という擬態語を学ぶ様子

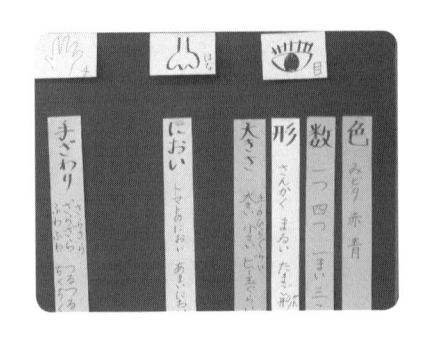

観察したことを表す表現の板書　　　　黒板に掲示したモデル文

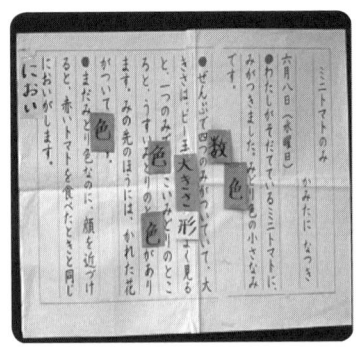

（2）　モデル文（教科書の観察記録文）で使われている表現を確認する

その後、モデル文（教科書の観察記録文）の中から、色、数、形、大きさ、におい、手触りを表すことばを探す活動を行った。上の右の写真のように、該当する表現を見つけると、観察の観点を色カードに書いたも

のを貼り付けて確認した。色分けして示したので、観点とことばの組み合わせを視覚的にも意識できたようであった。この活動を通して、児童は観察記録文にはどのような内容をどのようなことばで書き表すかを感じ取っていたようであった。

(3) 作文メモをつくる

この活動からは、子どもたちは、会話に問題がないグループ1（7名）と、会話にもまだ困難があるグループ2（2名）に分かれて行った。まず、観察記録文を書く前に、作文メモ作りをした。メモ（ワークシート）には観察する部位とその観点が示されている。子どもたちは、教師が用意したことばが書かれている付箋から、これだと思うものを選んでワークシートに貼っていた。

グループ1の作文メモ　　　　グループ2の作文メモ

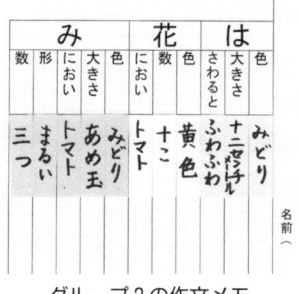

(4) 作文メモから観察記録文を書く

次に、作文メモを観察記録文として表現する活動である。グループ1の子どもには、書き出し部分のみ示し、その後は作文メモを見て自力で書くようなシートを準備した。一方、グループ2の児童は、全ての文を書くのは困難だと判断し、今回学習したことばを書き入れれば、記録文ができるワークシートを用意した。

子どもたちは、観察記録シートの地の文を読みながら、作文メモに示した観察した事柄（付箋）を記録文のどの空欄やスペースに入れればいい

か考えながら、記録文作りに取り組んだ。そして、教科書の例文のようにできあがった観察記録文を見て、子どもたちは「作文って簡単だね」と大喜びであった。

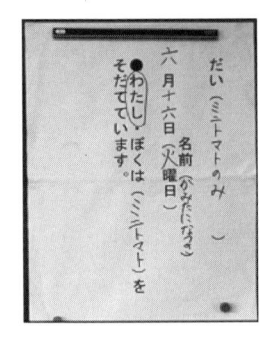

グループ１の観察記録シート 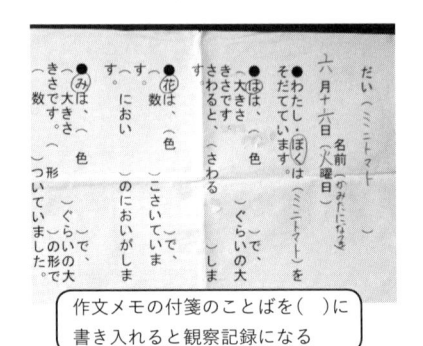　　グループ２の観察記録シート

作文メモの付箋のことばを（　）に書き入れると観察記録になる

> わたしは、ミニトマトをそだてています。
> ミニトマトのはの色は、みどりです。大きさは12センチメートルです。数は23まいです。形は手のひらみたいです。さわるとふわふわします。ミニトマトのにおいがします。

子どもの観察記録例　「ミニトマトのは」

支援と子どもたちの学び―実践者の振り返り

（1）アナウンスに関連付けた語彙・文法の学習

　日本語学習をある程度進めてきた子どもの中にも、「書く」活動に抵抗感がある場合が少なくない。本実践で、子どもたちが観察記録の書き方と利用することばを学び、実際に観察したことを書ける

ようになったのは、次の支援が有効だったからだと思われる。

　まず、草木の観察に必要な語彙や表現を、部位と観点からカテゴリーを作り、色分けして示した。また、バイリンガル指導員による、感覚と表現を結びつけるための補助があった。

　2点目として、モデル文（教科書の観察記録文）で使われていることばを確認する活動を通して、観察記録文の書き方を学べるように工夫した。子どもたちは、教科書の記録文の構成と表現を参考にして書くことができた。

　3点目として、文章を書く過程を、スモールステップ化し、まずは観察したことを、ミニトマトの部位と観点が示された作文メモシートにことばの付箋を貼ることでメモが作成できるようにした。次に、ワークシートで観察記録文の型を提示し、作成した作文メモからことばの付箋をそこに貼り替えれば（書き入れれば）、記録文が作成できるように工夫した。この過程は、観察の仕方を学ぶことにもなったし、記録文を書くことへの抵抗感をも軽減し「簡単だ」と言わせている。

　4点目は、子どもたちの日本語の理解力や作文力に合わせて課題を変更し、それに応じてワークシートも異なるものを準備した。子どもたちは、自分の日本語の力で観察記録を書く活動に参加でき、同じ内容の学習をすることができた。このように、日本語の力に関わらず、学べる活動と支援を工夫し、子どもたちが「やればできる」という経験を繰り返し積み重ねられるようにすることが、大切だと感じる。そして、在籍学級での多人数での学習にも参加できる力を、この取り出しの教室での学習経験で培うことが大事だと思う。

実践報告 2

ペープサートの操作を通して文章を理解する

3年 国語科
「ありの行列」

光村図書（平成17〜22年度）『国語三年上巻』

遠州浜小学校での実践：櫻井敬子

1 対象児童生徒……小学3年生4名

　4名中3名が日本生まれのブラジル国籍の児童で、母語はポルトガル語である。ただし、そのうちの1名は、2年時にブラジル人学校から編入してきた児童である。この児童は、教科内容については学習した事柄をよく理解し、漢字もよく覚えているが、日本語ではあまり話をせず、日本語で文章を書くことが難しい。他の2名は、日本語の日常的な会話の力はあるが、読む力、書く力が弱く、国語の学習では困難が見られる。

　1名は、国際結婚家庭の子どもで、母親はブラジル国籍であるが、本人は日本国籍である。小学校2年生になる段階で、ブラジル人学校より編入してきた。会話力では、日本語がポルトガル語よりも強い。1年生の学習内容が十分には理解できていない。

2 目標

　「ありの行列」は、ありが行列をつくることができる理由を解明したある研究者（ウイルソン）の研究に関する説明的文章である。実験と結果がわかりやすく構成された文章なので、この単元で説明文の学習の仕方

を身につければ次の学習にも生かせると考えて目標を設定した。

単元目標　文章の構成「はじめ・中・おわり」を捉えるとともに、内容によって「段落」をつくることの意味を知り、各段落の内容を読み取ることができる。

日本語の目標　ペープサートや紙芝居などを手掛かりに、それぞれの段落の内容を理解し、ノートやプリントに整理することができる。

3　学習指導計画……11時間

3-1　全体の流れ（★：本事例で紹介する部分）

活　動	支援の工夫
①紙芝居「ありの行列」を見て、おおよその内容をつかみ、学習課題を把握する。　　　（1時間：取り出し）	・教材文の紙芝居を作成して、読み聞かせる。紙芝居は、各段落1枚の絵で構成し、内容は要点のみとした。
②各段落の内容を理解する。★ ・ペープサートを動かしながら、実験内容やありの動きを理解する。 ・教材文を並べ替え、その空欄にキーワードを記入しながら、読み取る。 　　　　　　　（5時間：取り出し）	・各授業の導入時に紙芝居を見せ、段落間の前後のつながりを捉えさせる。 ・並べ替え用のワークシートは、日本語の力に合わせ、2種類用意する。 ・接続詞を太字で示し、実験結果を順序立てて理解できるようにする。
③各段落の要点を並び替え、内容についてまとめる。　（5時間：取り出し）	・文の構成「疑問→実験→結果→発見」を、並べ替えた要点で確認する。

3-2　活動のねらい（★の1時間目の活動）

教科　文を並べ替えたり、ペープサートを動かしたりしながら、ウイルソンの初めの実験の内容を読み取ることができる。

日本語　読み取った内容についてワークシートにキーワードを記入し、段落のまとめを書くことができる。

4 子どもたちの学習の様子

（1） 紙芝居を繰り返し見る

　読み取りの授業では、毎時間、最初に紙芝居を読み聞かせた。それまでに学んだ段落の絵が出てくると、子どもたちは、教師の声に合わせて「次に〜」のように、接続詞を声に出しながら参加していた。5、6時間目の授業では、紙芝居の絵を見るだけで、その内容を説明するようになっていた。

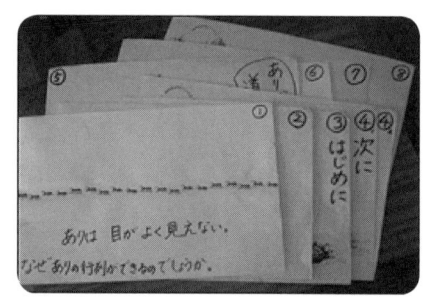

紙芝居：右端に接続詞、絵と要約文

（2） ペープサートやジェスチャーで内容を理解する

　ありの様子が「次々」「さえぎる」「ちりぢり」「つぶ」などの、子どもたちが普段使っていないことばで説明されている箇所では、ありのペープサートを操作させて理解を促した。子どもたちは、巣から「次々」と出てくるありの様子や「ちりぢり」になるありの様子を、ペープサートを動かして表現し、歓声を上げていた。

画用紙で作った巣

ありの絵を糸でつなげてペープサートにした。子どもが糸を引っ張ると巣の中から、ありが「次々」と出てくる。

　また、「ひとつまみ」は、実際に砂糖の袋から3本の指を使って砂糖を「つまむ」様子を見せ、「1回だからひとつまみ」と伝えた。また、指5本を使って「つかむ」様子とも比べさせた。子どもたちは自分の腕や鼻をつまんだりつかんだりして、二つの動作の違いを体感的に理解していた。

（3）　文を並べ替え、キーワードを書き入れる

　各段落の読み取り活動では、ばらばらになった文を元通りに並べ替える活動を行った。順番を考えながらワークシートに文を貼り、文の空欄にことばを入れて文章を完成するように教材を工夫した。子どもたちは、文を正しく並べるために繰り返し読んだり、空欄に合うことばを探すために細かに読んだりしていた。文の順番に迷ったときには、ペープサートを操作して、内容を思い出させると、「わかった！」という表情で、文の順番を決めていた。また、子どもの一人は、接続詞に着目して、文の順番を決めていた。なお、この活動では、日本語の力に応じて、ワークシートを2種類準備した。並べ替えは、ある程度読み取る力がある2人のみの活動である。

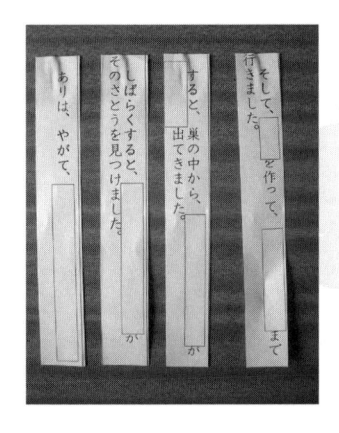

文章をばらばらにした教材。ある程度読み取る力がある子どもたちは、これらを並べ替えた上で空白にありの様子を書き入れる。読み取りが難しい子どもには、これらを順序通りに並べた別のバージョンのワークシートを使用した。

支援と子どもたちの学び―実践者の振り返り

（1） 紙芝居を繰り返し読み書かせる

　紙芝居は、1枚に形式段落一つ分の内容を絵で表した簡単なものである。毎時間、読み聞かせたことで、文章の全体的な構成を大まかに捉え、そこに各段落の内容を位置づけることができていた。それによって、教材本文の読み取り活動では、前時までに学んだ段落の内容を思い出していた。新しい段落の内容を細かに読み取ることにプラスに働いたようだった。

（2） ペープサートの操作や動作化で理解を促す

　実験の方法やありの動きを理解する上で、仲間と一緒にペープサートを操作したり、ジェスチャーや体を動かしたりすることが有効であった。知っている語彙がまだ少ないことに加え、ありの行列を見たことがない子どもやえさを運んでいる様子を見たことがない子どもがいたが、視覚的な手掛かりを与えることで理解が促され、その理解を共有することができたようである。

(3) 文の並べ替えと空欄記入により、目的のある読み活動にする

　文の並べ替えと空欄記入の作業によって、本文の読み取りが、課題達成のための活動になった。教科書をただ読むことは苦痛でも、文の順番を決める、空欄のことばを探すという課題を与えたことで、目的をもって取り組み、結果的には、それが内容の理解に結びつくようであった。

(4) ワークシートを拡大して示し、作業を指示する

　子どもたちが手元に持つワークシートと同じものを、拡大して黒板に貼って、作業の指示を行った。ことばの説明だけでは、何をどうするか、どこに何を書くかなどの理解が困難な子どもたちも、黒板を見ながら理解できていた。また、子どもたちの作業の結果も、拡大したワークシートを利用し、皆で共有できた。

実践報告

3 身の回りの具体例を探して内容を理解する
5年 国語科
「見立てる・生き物は円柱形」

光村図書（平成17〜22年度）『国語五年上巻』

瑞穂小学校での実践：近田由紀子

1 対象児童生徒……小学5年生3名

　3名のうち1名はブラジル国籍で、母語はポルトガル語である。日本生まれだが、日本の公立小学校への編入は4年生時であり、それ以前に就学していた期間は1年程度であった。学習意欲が高く、3年生程度の漢字の読み書きもできる。もう1名は日本生まれで日本国籍だが、母語はポルトガル語である。小学校1年から公立小学校に就学している。教科書の音読はできるが、ことばの意味を確認したり、要旨を捉えたりする点でつまずく。もう1名は日本生まれだがベトナム国籍で、母語がベトナム語の児童である。学習時に使用される用語が理解できないことが多いため、在籍学級での学習では消極的になりがちである。

2 目標

　この単元は在籍学級での学習を中心にしており、一部分を日本語教室で取り出しの指導として行った。第1教材「見立てる」と第2教材「生き物は円柱形」は、あるものを別のものとして見たり、生き物を円柱形とみなしたりしていて、どちらも「想像力」に関わる内容になってい

る。まず第１教材で「はじめ・中・おわり」という文章全体の構成を知り、要旨を捉えて自分の考えをもつという学習の流れを理解する。そして第２教材でその学習した内容の定着を図るという段階を踏む。筆者の考えを読者に納得させるために、例や証拠を挙げていく論証の仕方を読み取ることを重要視しており、それらを理解した上で、自分の考えをもつことをねらっている。そこで、目標は次のように設定した。

単元目標　要旨を捉えながら読むことで自分の考えを明確にし、「筆者の考え」や「文章の書き方」についての感想を互いに発表し合う。こうした活動により、自分の考えを広めたり深めたりすることができる。

日本語の目標　「〜とは〜ということだと考えます／思います」等の表現を参考に、自分の考えを表して伝えることができる。

3　学習指導計画……7時間

3-1　全体の流れ（★：本事例で紹介する部分）

活　動	支援の工夫
【見立てる】 ①文章構成や筆者の考えを捉える。★ 　　　（2時間：在籍学級・取り出し）	・見立ての例（リンゴウサギ、絵本、あやとり）を示し自分の生活体験を想起させることで、語句の意味を理解できるようにする。
【生き物は円柱形】 ②文章全体の構成をつかみ、要旨をまとめる。 　　　（3時間：在籍学級・取り出し） ③「生き物は円柱形」を読んで自分が考えたことを書く。 　　　（1時間：在籍学級） ④自分の考えを書き表した文を発表し合う。　（1時間：在籍学級）	・「見立てる」で学習した文章構成と関連させられるように、「始まり・中・終わり」の短冊カードを使う。 ・円柱形のよさが実感できるように、円柱形に丸めた新聞紙と、広げた新聞紙との強度を比べる。 ・筆者の考えと自分の考えを対応させて書けるようにノートに枠を示す。 ・少人数グループで発表し合った後、全体でまとめをする。

3-2 活動のねらい

教科 「見立てる」という題名について話し合い、全文を音読して、文章全体が三つのまとまりで構成されていることを知る。

日本語 「～とは～ということだと考えます／思います」等の文型を参考にして、「見立てる」という行為について自分が感じたことや考えを発表することができる。

4 子どもたちの学習の様子

(1)「題名」について話し合う

「見立てる」という行為は普段何気なく行っていることではあるが、どんなことか改めて説明することは、外国人の子どものみならず、日本人の子どもにとっても難しいことである。第1時は、在籍学級でチームティーチングの方式で、外国人指導担当者がT1に学級担任がT2になり、一斉指導を行った。まず、次のように、やりとりを通して、一緒に考える。

> T1：「見立てる」は「見る」でも「立てる」でもありませんね。どういうことでしょう。

> 何かと何かが「同じ」って見ること。

> 何かみたいに見ること？よくわからない。

ことばではうまく説明できない子どもが多く、全体として発言が少なかったので、見立ての例として「リンゴウサギ」の写真を示した。「リンゴウサギ」は子どもたちが生活の中でよく知っているものであり、切ったリンゴをウサギに見立てているものであるため、「見立てる」ことのイメージがつかみやすい資料だったようだ。このような導入の後、教材文では筆者は「見立てる」をどのように説明しているのか、文章に目を向けるように導いた。

（2） 筆者の考えや伝え方をことばで考える

「筆者の考えや伝え方を考えよう」という本時のめあてを意識しながら、3人1グループで教材文を音読した。外国人の子どもたちには難しいことばもあるが、写真のように、わからないときはグループの友だちと一緒に読み方を確認しながら進められるので、音読の活動にも安心して参加できていた。音読によって全員で文章構成を確認した後、教材文にあることばで筆者の考えを考えた。「あるもの」と「別のもの」というカードを準備して、それにひもをつけ、そのひもを実際に結ぶことによって、その二つを「結びつける」という行為を示した。子どもたちから「ああ、そういうことか」という声が上がった。

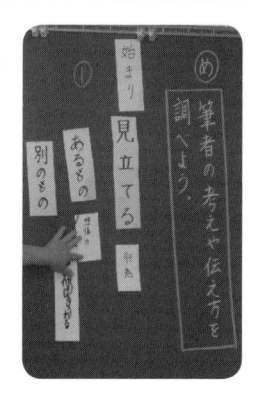

（3） 筆者の考えを確認したり試したりする

デジタル教科書を使って第一段落と第六段落を一斉に音読した後、「あるものを別のものとして見ること」「想像力が働いていること」「自然や生活と深く関わっていること」の具体例について考えた。

そして、自分たちでも想像力を働かせて「見立てる」という行為をしてみることにした。3人グループで考えて、見立てられるものを絵に描いた。再び教科書に戻り、「筆者はどんな例を挙げているか」について調べた。ワークシートで教材文の挿絵を並べ換えたり、重要語句を書き込んだりした。挿絵のコピーを縮小したものを個々に配布し、操作活動が容易にできるようにした。以下は児童のワークシート例である。

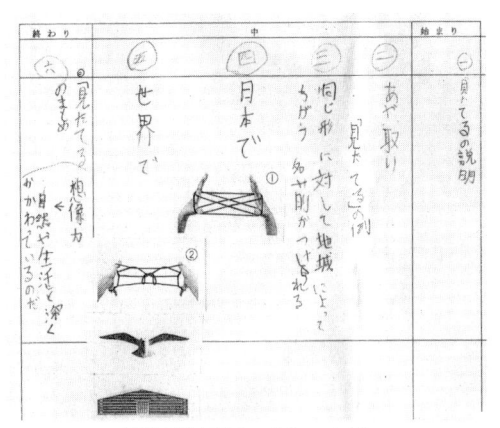

第1教材のワークシート例

　また、次に示したワークシートは、第1教材「見立てる」の学習で学び方がわかった児童が、在籍学級で第2教材「生き物は円柱形」を学んだ後のものである。第1教材で説明文の文章構成が理解でき、それが第2教材の学習に生かされたことが、ワークシートに記された文から読み取ることができる。

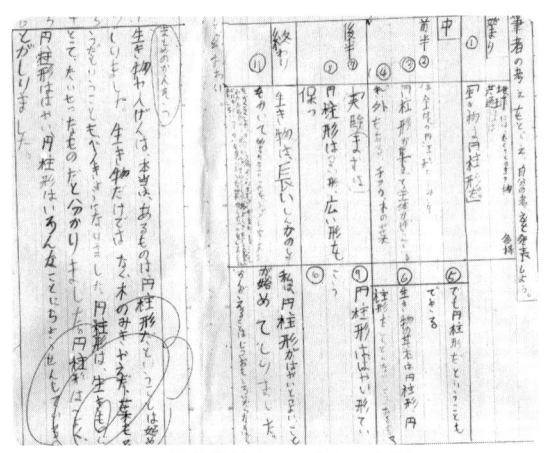

第2教材のワークシート例

支援と子どもたちの学び─実践者の振り返り

「説明文だから難しいことを勉強するのかと思ったけど、楽しかった」、「よくわかった」。このように、授業後の在籍学級での子どもたちの反応を、学級担任が伝えてくれた。別のクラスの担任はこの授業を見て、子どもが確実に理解することの大切さを考えたことから、第2教材「生き物は円柱形」では実際に新聞紙を使って円柱の形を作り、教材文に書かれている内容を試す活動を取り入れたということである。

また、校長からは、学習支援の効果と課題について、次のようなメッセージをいただいた。「子どもがわかる、腑に落ちる授業でした。ことばで考え、視覚的にイメージし、操作してみてまたことばで考える。そして教科書に戻ってまた考える。このような授業展開はとても効果的だと思います。ただし問題は時間ですね。モジュールも取り入れて工夫するのもよいでしょう」。

確かに、丁寧に指導をしていくと、取り出し指導でなら指導可能であっても、在籍学級の一斉指導では時間超過になりがちである。さらに内容を精選し時間配分を考える必要がある。

実践報告 4

モデル図を利用して理解し、説明する

中学2年 理科

「動物の生活と種類 −生命を維持するはたらき−」

大日本図書『新版 中学校理科 2分野上』

江南中学校での実践：水島洋子

1 対象児童生徒……中学2年生3名

　3名ともにブラジル国籍で、母語はポルトガル語である。Aは幼児期に来日し、小学校1年から5年の1月までブラジル人学校に在籍、その後公立小学校に編入し、公立中学校に進学した。日本語での日常会話は十分ではなく、母語が通じる友人同士で集まって過ごすことが多い。在籍学級では教科担任の日本語が理解できないことがあるが、取り出しの指導では漢字を積極的に使い、わからない日本語を日葡辞典で調べながら学習する様子が見られる。

　もう1名の生徒Bは日本生まれではあるが、3歳から10歳までを母国で過ごし、小学校4年のときに再来日した。日本語での日常会話は十分ではなく、在籍学級ではほとんど日本語を話さない。休み時間は他の対象生徒らと母語でにぎやかに過ごしている。小学校1年から2年相当の教育漢字が読めるが、ノートを取ることが苦手である。取り出し指導では、ポルトガル語を話したがる。

　3人目の生徒Cは3歳で来日し、ブラジル人学校で学んでいたが、小学校3年から公立小学校への転出入を繰り返していた。日本語で簡単な日常会話ができ、一対一での対話の内容は大体理解できる。しかし、語彙が少ないため表現力が十分ではない。小学校3年から4年相当の教育

漢字の読み書きはできる。学年相当の国語の教科書もルビを振れば、概要を把握できる。

2 目標

中学校の理科では、体内での養分のゆくえを追いながら、生命維持のための活動について学ぶ。この実践でも「生命を維持するはたらき」を学んだ。その際、実験や観察が困難な細胞レベルの活動や分子の大きさにまで着目して学習するので、実際には見ることのできない細胞や分子を想像する力やそれぞれの器官のはたらきを関連付けて思考を組み立てる力が必要になる。そこで、目標を次のように設定した。

単元目標 体内の消化・吸収・呼吸・循環・排泄などのしくみを学び、それらのしくみについて、体内に取り込まれた物質の流れに沿って関連付けて捉えることができる。

日本語の目標 生命を維持するはたらきについて、モデル図を見ながら「 どんな物質 が どこ から運ばれて どのような物質 になり、 どこ へ行く」といった形式で、適切な語句を用いて物質の流れや変化として説明できる。

3 学習指導計画……19時間

3-1 全体の流れ（★：本事例で紹介する部分）

生徒たちは、在籍学級の理科の授業へも参加していて実験は行っているので、取り出しの指導ではその段階を省き、学習内容も絞り込んだ。

活　動	支援の工夫
①養分が取り入れられるしくみを次の項目で理解する。 ・消化器官 ・食物中の養分 ・消化酵素による消化 ・吸収 （3時間：取り出し、8時間：在籍学級）	・図や資料、モデル図を活用する。 ・重要語句をしぼり、できるだけ平易で短い説明をする。 ・生徒の体験や事例をできるだけ多く例示する。 ・物質名や器官名などで、母語で理解できているものは母語から日本語に置き換える。 ・習った用語を繰り返し使う機会を設けたり、単語から文章化する練習をしたりする。 ・モデルを操作しながら、物質が細胞の中で変化していく様子を「動き」として提示する。
②養分からエネルギーを得るしくみを次の項目で理解する。 　・細胞の呼吸★ 　・肺でのガス交換と血液循環 　・血液 （3時間：取り出し、3時間：在籍学級）	
③不要物を排出するしくみを知る。 （1時間：取り出し、1時間：在籍学級）	

3-2　活動のねらい（★の活動）

教科　からだの各細胞では、吸収した養分を酸素を使って分解し、生活のためのエネルギーを取り出している、ということを理解する。

日本語　細胞の呼吸について、モデル図を見ながら適切な用語を使って文章にまとめることができる。

4　子どもたちの学習の様子

（1）　重要なことばや新しい学習内容につながる過程を丁寧に復習する

　本時は「細胞の呼吸」が主な学習内容であるが、授業の始めには本時に関連する物質名や物質の流れなどを復習する時間を十分に取ってから新しい内容につなげた。生徒たちは、器官名や物質名の多くを母語で知っていても日本語ではほとんど知らないので、用語に関するＱ＆Ａを繰り返し、日本語での言い方が定着するようにした。

　「細胞の呼吸」の学習に入るためには、次の①～③の知識が必要である。

> ①消化の最終産物として炭水化物はブドウ糖に変化すること
> ②養分や酸素は血管を通って細胞に運ばれてくること
> ③生きるためには食べ物だけではなく呼吸によって酸素を取り込み、二酸化炭素を出していること

下線を引いた語彙は生徒にとっては日本語として馴染みのないものであったが、母語では意味を理解できていた。二重下線を引いた単語は、母語でも馴染みがなかったが、食物の例を示すと理解できた。復習のためのQ&Aでは、印象的なやりとりがあった。

> 　教師が主な養分として三つ、何があるかと尋ねるとAは「たんすいよう…」のように、覚えていることばを口にする。それをこちらに引き取るようにして「炭水化物」と言い直すと、「たんぱく質」と続けた。「そうですね。それから？」と促すと、「え～…」と考えながらも「脂肪」と挙げることができた。
> 　続けて、それらの養分が口、食道、胃、小腸と通っていくうちにどうなるか聞くと、Cが「ウンチ」と答える。教師が「ウンチになる前に？」とヒントを与えると、少し考えて「小さくなる」と答えた。これは既に学習したこと、消化、にあたる。何によって消化されるか、やさしい言い方で問いかけようと「誰が小さくしますか」と聞いてみると、AとCが「胃」と答えた。正しくは消化酵素である。「胃じゃなくて…」と訂正し、前時に示した例えを使って質問し直してみた。「はさみの役目をするものは？」。すると、AとCはノートを見直して、Cが「消化酵素」と答えた。
> 　このような復習の後で、覚えてはいたがばらばらに表出された単語をつないで、文章として整理した。始めに教師が「口から入った食べ物は消化液の中の消化酵素で小さくなって、血管を通って細胞へ行きます」とモデルを示し、言えるかどうか促すとCは板書を見ながら、「口から入った食べ物は、…消化液の中の消化酵素で小さくなる。小さくなって、血管に入って細胞へ行く」と文章にして言うことができた。

> 「最終ゴールは細胞に行くことです。「ウンチ」ではないよ」と念を押して確認すると、AとCはしっかりうなずいていた。

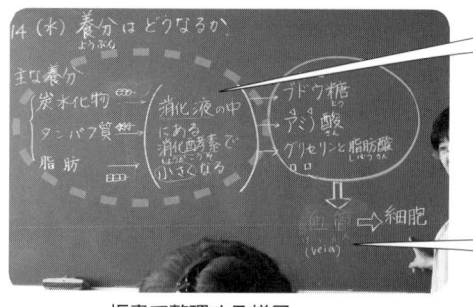

板書で整理する様子

- 復習のQ＆Aを繰り返しながら、板書を整理し、文章化して説明する練習につなげる。これをもとに新しい内容の学習へ進む。
- 生徒が理解できる母語を併記する。

（2） モデル図を操作しながら興味をもたせる

　丁寧に復習した後、新しい内容の学習「細胞で何をしているか」に進んだ。細胞の中で起きている化学変化を理解するために、モデル図を用いた。文字だけの説明では興味がもてないと思い、動きのあるモデル図で変化を視覚で捉えさせると同時に、理科の用語も覚えられるよう工夫した。以下、①から⑦の写真資料に沿って、説明する。

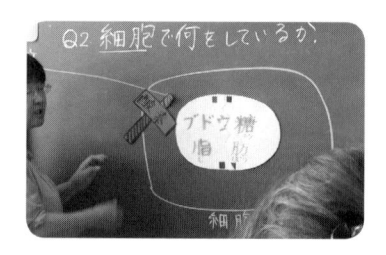

①細胞の枠を書き、酸素を「金づち」に、ブドウ糖を「卵」に見立てて作った図を示す。酸素とブドウ糖が細胞に取り込まれ、ブドウ糖が酸素の金づちで割られる。そうすると…

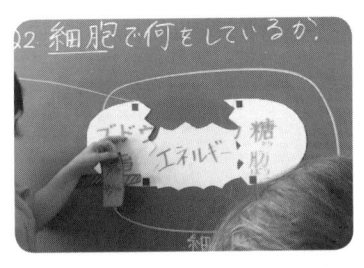

②ブドウ糖の卵の中から「エネルギー」が出てくる仕掛けである。卵型のブドウ糖の中から「エネルギー」が表れた瞬間、Ｃは「うわあ！かわいい!!」と大きな声を出した。

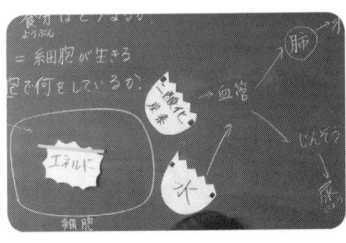

③割れた殻は不要物になる。殻を裏返すと、「水」と「二酸化炭素」と記してあり、それらに姿を変えることがわかる。

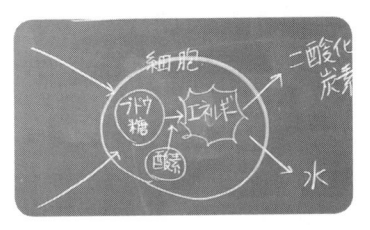

④演示の後で、ノートにまとめるために演示内容をＱ＆Ａ形式でやりとりしながら、生徒がノートに書く速さに合わせ、黒板に図を書きながらまとめた。

⑤次は生徒自身が説明できるようにするため、キーワードを空欄にした説明文を示し、生徒が文を完成させる作業をした。

⑥そして、生徒がモデル図を動かしながら説明を試みた。

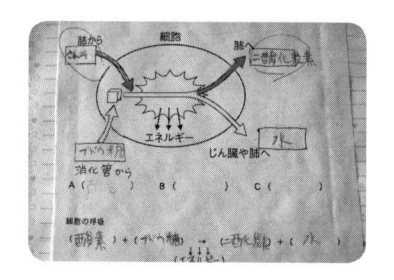

⑦最後に、教科担任から入手しておいた在籍学級の授業で使うプリントで、細胞の呼吸のしくみが理解できているか確認した。日本語の目標の一部でもある「～から」「～へ」の表現を押さえることができた。

支援と子どもたちの学び―実践者の振り返り

　「理科は難しいから、きらい」という声は、日本語でようやく日常会話がこなせる段階の生徒たちの正直な思いから出ている。理科は全般に、実験観察や図版資料など直接体験や視覚教材が多く、興味をもたせやすい反面、日本語の力が十分身についていない生徒にとっては、専門用語を使って思考したり表現したりするのは容易ではなく、困難さが伴う。この授業では、生徒は器官名や物質名の多くを母語で知っていたので、母語の助けを借りたほうが学習内容の理解が進むと考えた。やはり、生徒は積極的に辞書を使いながら母語と日本語を対応させていた。辞書を引いて「ああ、そうか」と納得する声が挙がり、「わかろう」という姿勢や「わかった」という反応が見られ、生徒にとって難解な日本語の理科用語も意味をもつことばとして記憶されていったのがわかった。一問一答の短いやりとりの答えをつないで文章化していく過程では、抵抗感がなくなったのか、「難しい」という嘆きは全く聞かれなかった。
　「細胞の呼吸」は、言語による説明と理解が中心で、必要な用語は「細胞」「ブドウ糖」「呼吸」「酸素」「エネルギー」「水」「二酸化炭素」と多くある。日常会話の文章化も大変な生徒たちが、物質の移動や変化に関する質問によく反応できたのも、

モデル図が動いたり変化したりするのを見たからだと思う。説明文を完成させる過程でも、「(酸素)を使って(ブドウ糖)を分解します」という文を「(ブドウ糖)を使って(酸素)を分解します」と間違って書いていたが、モデルを使って自分で説明するときには「あれ、間違っている」と気づき、訂正することができた。

　課題としては、授業の内容を絞り込むことが挙げられる。毎時間復習をしながら、かなりゆっくり進めないと難解な用語が定着しない。取り出し指導の時間数は限られているので、在籍学級で参加している授業をうまく生かすことを心がけた。

　細胞の呼吸のモデル図を考案したのは数年前になる。今回の実践を行った生徒と同レベルの日本語力のブラジル人生徒が在籍する学級で、このモデル図を使って授業を行った。外国人生徒も日本人生徒も、動きのあるモデルに注目していた。学期末のテストでは、ブラジル人生徒も細胞の呼吸のモデル図の問いに適切な解答をすることができていた。細胞の呼吸のモデルは、外国人生徒だけではなく、日本人生徒の理解支援にも有効であると実感したのは、3年に進級した日本人生徒が、復習の際「あのタマゴが割れた勉強だね」と授業を覚えていたからである。

活動の工夫 ③

桑原久子先生の実践
（実践校：浜松市立遠州浜小学校）

思考を刺激し、整理するために色分けを利用する

考え方を理解したり表現したりするのは難しい

　算数の授業では、課題解決の方法を考えたり、その方法を試して検討したりすることが求められます。そのため、論理的に理解したり考えたりすることや、自分が考えたことを整理して表現することがとても重要です。ところが、日本語を学習中の子どもの場合、日本語のみでそれを行うことが難しい場合が少なくありません。６年生の算数科『場合の数～チームの組み合わせを考えよう～』の学習で、桑原先生は図を「色分け」する工夫をして、日本語以外の手段で理解を促し、思考の補助をしています。

色分けを使って組み合わせの方法を考える

　場合の数の学習では、「組み合わせ」と「並べ方」の二つの考え方について学びます。桑原先生は、色分けをして視覚化することで、子どもたちが、二つの課題の違いを理解し、課題の解決方法を考えやすいように工夫しています。

組み合わせの学習で

　組み合わせの学習の課題は「四つのチームが試合をする組み合わせは何通りあるか」でした。桑原先生は、四つのチームの色を決めてカードを作り、そのカードを操作しながら、子どもたちに課題解決を促しています。

また、並べ方の課題「4人で走る順番の決め方は何通りあるか」では、4人を色分けして樹形図を作成する活動に子どもたちを参加させます。色分けをしたことで、24通り、それぞれ違うことがわかりやすくなります。

思考を刺激し整理する視覚的補助

　考えをいろいろな方法で表現する子どもたちは、常に何かしらを感じ考えています。それを知識として獲得するには、わかったことをなんらかの形で表現し、知っていることと関連付けて整理することが必要です。ことばは、そのための重要な道具です。日本語を学習中の子どもたちが理解しやすくするために、また、考えたことを表現しやすくするためには、今回のように、色を利用することが効果的だと考えられます。この学習で、子どもたちは、色分けした樹形図によって、並べ方では順番が大事なことを視覚的に捉えることができました。この授業で、子どもたちは、理解したことを積極的に発言していたそうです。

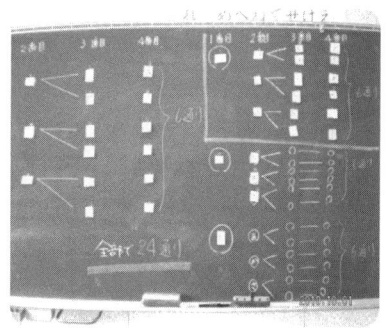

並べ方の学習で

子どもたちの授業中の様子

第5章　子どもたちの「理解・表現」を支援する　　143

> コメント

第5章

視覚教材や動作で理解を促し、表現の機会をつくる
― 子どもたちの「理解と表現」を支援する ―

　日本語を学んでいる子どもたちは「母語でならなんでもないことなのに、日本語では理解も表現も思い通りにならない」という歯がゆさを感じている。第5章の四つの実践から、その子どもたちに内容の学びを伴った日本語の理解と表現を促すための支援について、多くの示唆が得られる。

　2年生の国語科「かんさつ名人になろう」の活動で、子どもたちは、絵図で観点と表現を整理し、モデル文を読み取り、観察作文のメモを作成することによって、ミニトマトの観察記録を書くことができた。黒板には、感覚の種類(「目、鼻、手」の絵)、何に関する形容なのか(感覚によって色分けされた「色、におい、手触り」という文字カード)、表現(短冊形の文字カード)が整理して組み合わせられ、提示してある。子どもたちはこの情報を利用しながらトマトの観察のモデル文を読み、文の意味と、観察記録の内容構成を捉えている。その気づきは、観察対象と観点が表となったワークシートで、メモを作成し、キーワード書き込み型シートを利用して観察記録を書く段階で生かされている。

　次の3年生の国語科「ありの行列」の授業で、子どもたちは、要約文による紙芝居の読み聞かせを通して、研究課題と実験によって構成される全体像をつかんでいる。その後、ありの絵が描いてあるペープサートを動かし、自身で動作化しながら、各実験の方法と結果を理解する。さらに、テキストの並べ替え作業では、文頭に接続詞を加筆しながら文と文の関係から説明文の論理構成を理解する。テキストの提

示方法と教材の工夫により、子どもたちは全体から部分へと理解を進めることができたのである。

　5年生の国語科「見立てる・生き物は円柱形」の学習では、「見立てる」ということばの意味について、まずは知っていることをもとに類推した。その後教師が挙げた具体例から帰納的にその意味を捉える。テキストの読み取りでは、「あるものを別のものとしてみること」という説明に関し、子ども自身が「見立て」の具体例を作っている。さらに、ワークシートを利用して文脈に関連付けながら「見立て」の例を調べ、理解を深めると同時に、論の展開の仕方を学んだ。次のテキストの読み取りにそれは生かされていた。

　中学2年生の理科「動物の生活と種類」の学習で、単元の最初に、生徒たちはやりとりを通して、母語で学んだ知識を活性化しながら、物質名や器官名などの用語を日本語に置き換えて学んでいる。次に、ここで獲得した用語を利用しながら、モデル図の操作によって細胞内に生じる化学変化を理解する。このモデル図では、酸素を金槌に、ブドウ糖を卵に見立て、その変化について図を操作しながらイメージを作っている。こうして、理解されたイメージは、クラス内でのやりとりと教師の補助を得ながら、文章として練り上げられた。

　四つの実践には、子どもたちの理解と表現を支援する多くの工夫が見られる。理解のための支援として、どの実践でも、動作化や視覚化などによって、文脈化してことばの意味を捉えさせる工夫がなされていた。また、認知面で一定の発達を遂げている子どもたちには例を挙げてそこから意味を類推させたり、他の物に見立ててイメージを作ったりして理解を促すことも有効であった。母語で学習経験があり概念や知識をもっている場合は、母語で示したり、子どもたちがわかる日本語で説明することによっても理解は促せる。文章理解のためには、文と文の関係や文章構成に意識を向けさせるため、文の並べ替えやワークシートによる内容の整理などの活動がきめ細やかな支援とともに行われている。また、カードやワークシート、板書などで、意味・

内容を表す語彙・表現(言語形式)を意識化させることが、理解にとっても表現にとっても重要であることがわかる。
　表現の支援として、子どもたちが絵図を操作するなど、言語以外の表現手段をも利用させた。また、モデル文を読ませ、課題をどのように仕上げるのかを把握させ、語彙や表現のレパートリーを見えるところ(黒板、ワークシート)に示し、それを利用するようにヒントを与えながら支援している。それに加えて、語彙・表現レベルの発言を文章・談話レベルで整えるための支援を行っている。
　教科内容と日本語との統合学習においては、子どもたちに、意味と言語形式が対応するように意識化させつつ、学習活動の流れを断ち切らないことが大事である。教科内容と一体化して日本語の理解を促し、表す内容を構成しそれをどう表現するかを、教科における言語活動に関連付けてトータルに支援することが求められる。

（齋藤ひろみ）

第 6 章

子どもたちの「関係性を広げる」
学びの場をつくる

実践報告 1 日本人児童を日本語教室に招き、クイズを出題する

2年 国語科
「たんぽぽのちえ」

光村図書(平成17～22年度)『こくご二年上巻』

遠州浜小学校での実践：櫻井敬子

1 対象児童生徒……小学2年生6名

　6名ともブラジル国籍の児童で、母語はポルトガル語である。このうち5名は、日本生まれであり、日本語で簡単な会話はできるが、「読む」「書く」活動には困難があり、国語科の学習には意欲的に取り組めずにいる。もう1名は、ブラジル生まれで、小学1年生からこの学校で学んでいるが、会話でも簡単な内容を語彙レベルで発話できる程度であり、日本語の読み書きについてはまだまだ学習が必要である。

2 目標

　「たんぽぽのちえ」は、たんぽぽがいろいろな知恵を働かせて生きている様子やその訳についての説明文の題材である。たんぽぽが花を咲かせて種を飛ばすまでの様子が、段落ごとに「ちえ」と「わけ」で構成して説明されているため、読み取りやすく、日本語の読み書きの学習を始めて1年程度の外国人の子どもたちにも理解しやすい内容である。そこで、次のように目標を設定した。

単元目標 時間や順序、理由づけを表す表現に着目し、様子とわけを関連付けながら説明的文章を読み取り、たんぽぽクイズをつくることができる。

日本語の目標 「〜からです。」「〜なのです。」などの文末表現に気をつけてわけを読み取ることや、「たんぽぽクイズ」の問題の文を考えることができる。

3 学習指導計画……8時間

3-1 全体の流れ（★：本事例で紹介する部分）

活動	支援の工夫
①教科書のたんぽぽの挿絵を並べ替え、学習課題を把握する。 （1時間：取り出し）	・挿絵の順番について問いかけながら、たんぽぽの一生を想像させ、興味をもたせる。
②段落ごとに、たんぽぽの様子とわけについて、挿絵や動作化を通しながら読み取る。 （6時間：取り出し）	・各段落で挿絵と、様子とわけをまとめた文を黒板に貼り、様子と「わけ」の関係がわかるようにする。 ・「ぐったり」「せのび」「すぼむ」などの様子を動作化して理解させる。
③たんぽぽクイズを作り、日本語教室でクイズ大会をする。★ （1時間：取り出し）	・教師がクイズを出題してモデルを示すとともに、意欲を高める。 ・口頭でクイズを出し合い、表現を確認した後、「クイズ作り（書く）」をする。
④国際理解週間に全校の子どもたちに「たんぽぽクイズ」を行う。 （昼休み）	・出題の仕方を練習させる。 ・終了後「クイズ（カード）」を廊下に掲示し、常に遊べるようにする。

3-2 活動のねらい（★の活動）

教科 読み取ったたんぽぽの知恵とそのわけについて、クイズをつくることができる。

日本語 「〜でしょうか。」「こたえは〜です。」「それは〜だからです。」という表現を利用して、「たんぽぽクイズ」の問題や答えをつくることができる。

4　子どもたちの学習の様子

（1）これまでの学習を振り返り、クイズ作成をすることを知る

　この活動の前、段落ごとの読み取り活動で、毎時間、子どもたちはたんぽぽの「ちえ」と「わけ」を模造紙に書いてまとめてきた。クイズをつくる前に、その模造紙を全て黒板に貼って振り返った。

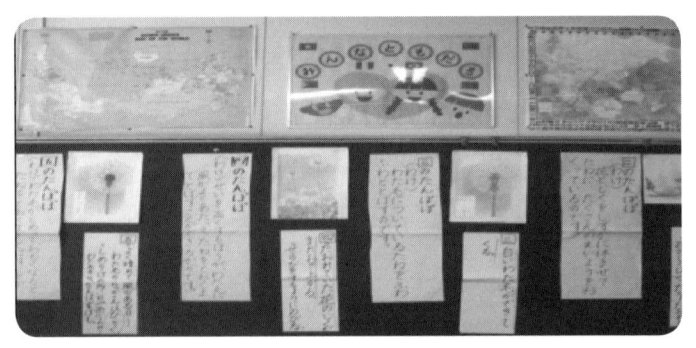

クイズが大好きな子どもたちは、たんぽぽクイズに意欲を見せた。

> 　Aさんから、「たくさんの知恵がある！」と声があると、Bさんからは「たんぽぽは頭がいい」という発言が飛び出した。教師が「全部の知恵とわけ、わかった？みんなに、クイズ出そうかなあ」と働きかけると、子どもたちは口ぐちに「やりたい！」と応じてきた。そこで、クイズを開始した。「クイズ1。どうしてたんぽぽはぐったりと倒れてしまうのですか？」すぐに、Aさんから「花とじくをしずかに休ませて、たねに、たくさんのえいようをおくっているのです」と答えが返ってくる。そこで、「正解！いいねえ。みんなも作ってみる？」と尋ねると、子どもたちは「やりたい！」と声をそろえる。

　　　　　たんぽぽクイズをつくることを告げたときの子どもたちの様子

（2）口頭でクイズを出し合う

　こうした子どもの様子から、子ども同士でクイズを出させることにし

た。皆、1番目にやりたいと意欲満々であった。子どもが、前に出て、黒板に貼り出されたたんぽぽの知恵とわけを見ながら、口頭でクイズを出す。一人目が終わったときに、クイズの出し方と答え方の表現として、「どうして〜ですか。」「〜からです。」という表現を提示した。子どもたちはこの表現を利用してクイズを出すようになり、口頭でのやりとりがスムーズになった。

(3) クイズの問題文と回答文を作る

口頭でのクイズの後、他の学年の友だちにクイズを出そうかと働きかけると、子どもたちは「クイズ大会をしてやろう！」「2年1組でもやりたいよ！」と口々に意欲を表した。

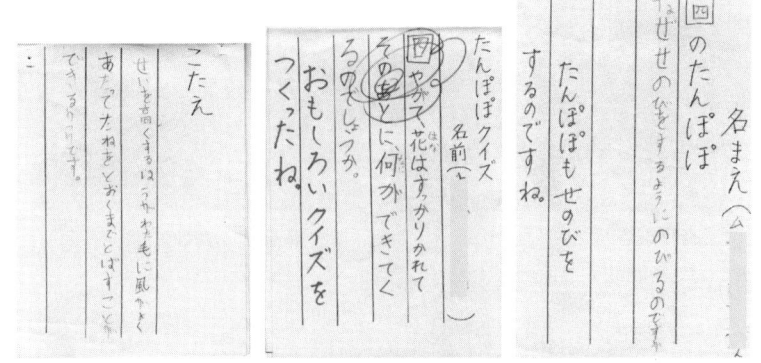

子どもたちが書いて作成した「たんぽぽクイズ」とその答え

書く作業が苦手な子どもも、張り切ってクイズを考えていた。「はい」「いいえ」で答えられる問題の作り方を教えると、たんぽぽの様子に「〜か？」とつけて、さらに問題を考えてクイズを作っていた。

(4) 国際理解週間でクイズ大会をする

実践を行った学校では、毎年、国際理解週間を設け、1週間を通して多文化理解に関係するいろいろな行事を行っている。その一環として、日本語教室の学習成果を発表する活動がある。この年、2年生は、学習

成果として「たんぽぽクイズ」を行った。

　日替わりで、学年ごとに児童を教室に呼び、一人二〜四つのクイズを出した。「たんぽぽのちえ」を学習していない1年生を招く日、子どもたちは「はい／いいえ」で答えられるように問題を作り直すという気遣いを見せていた。

　国際理解週間終了後、クイズを廊下に掲示し、通りがかった児童が誰でも楽しめるようにした。廊下を通る子どもたちが、たんぽぽクイズをしている様子を見て、クイズを作った6人は嬉しそうにしていた。

1枚目に問題、めくると答えが見えます。

国際理解週間クイズ大会の様子　　廊下に掲示したたんぽぽクイズ

支援と子どもたちの学び―実践者の振り返り

（1）　学習課題を把握する活動で

　第1時間目に、たんぽぽの挿絵を並べ替える活動を行ったが、子どもたちは挿絵をもとに、たんぽぽについてどんどん発言をし、相互のやりとりを通して関心を高めていった。この単元の授業の前までは、在籍学級との交流といった最終課題（この単元の場合は「クイズ大会」）を提示することで意欲づけをしてきた。しかし、この単元の学習を通して、学習内容そのものがおもしろいと感じさせられれば、イベント的な課題がなくても、学習参加への意欲を

高めることができると思った。外国人児童であっても、学習内容への関心が高まれば、教師がコントロールしなくても、子ども自身が学びを深め、広げていくことができるのだなあと実感した。

(2) クイズ作りの活動で

クイズ作りの活動は、「教師がクイズを出し、子どもたちが答える」→「口頭でクイズを出し合う」→「クイズを作る(書く)」というステップを踏んだ。それが、クイズの出し方(内容構成)やクイズ文の作り方の理解につながったようであった。同時に、口頭でクイズを出し合う活動をしたことによって、書く内容を決めることができ、「書く」段階での負担が軽減されたようであった。普段は書くことに消極的な子どもたちであるが、この授業ではクイズ作りに熱心に取り組んでいた。

(3) 国際理解週間でのクイズ大会

クイズ大会の会場では、参加した日本人児童から「外国の子もぼくたちと同じ教科書を使って学習しているんだね」「教科書で勉強したとおりにクイズができているね」という声が聞かれた。全校のみんなに学習成果を見てもらうことを通して、子どもたち自身が学習の成果を実感し、自分の学習を振り返るよい機会になった。

また、国際理解週間終了後、廊下に掲示してあるクイズを見て、上級生の子どもたちが実際にクイズを行う姿や、「字が上手。ぼくが２年のころよりうまい」「これ作ったの、あの子だよ」などと話している姿を見かけた。この単元の学習は、取り出しの教室、学年という枠を超えたつながりを生んだように思う。

【実践報告】

❷ 日本語教室で作ったクイズを在籍学級で出題する
3年 国語科
「おもしろいもの見つけた」

光村図書（平成17〜22年度）『国語三年上巻』

遠州浜小学校での実践：桑原久子

1　対象児童生徒……小学3年生8名

　8名全員がブラジル国籍である。1名は日本生まれで、2名は幼少期に来日しブラジル人学校から小学1年生の後半に編入してきた児童、他5名は小学校入学前に来日した児童である。日本語の力は、日本滞在年数とは必ずしも比例していない。

　1名は、指示されたことがよく理解できず、支援がないと学習に参加できない。ブラジル人学校から編入してきた児童2名は、自分のことや思っていることはある程度話すことができるが、知っている語彙が少なく指示されていることが理解できない。書く力は単語が書ける程度である。この3名をグループ1とする。他5名は、日常の会話はできるが文章を読み取る力が弱い。語彙量が少なく、書きたい事柄や思ったことがあっても、文章で書いて表現することは難しい。また、助詞の誤りが目立つ。この5名をグループ2とする。

2　目標

　「おもしろいもの見つけた」は、どこで、どんなおもしろいものを見付けたのかを詳しく書いて友だちに知らせることを目的に、段落のまと

まりや相互の関係を考えて文章に書く力を高めることが目指されている。そこで、次のような目標を設定した。

単元目標　身の回りで見つけた「おもしろいもの」についてのクイズ作りを通して、写真に合わせて段落を構成し、友だちに写真と文章で伝えることができる。

日本語の目標　段落のつながりに気をつけ、どのようなものか、どう感じたかを表す表現を利用して、クイズの文章を書くことができる。

3　学習指導計画……7時間

3-1　全体の流れ（★：本事例で紹介する部分）

活　動	支援の工夫
①身の回りのおもしろいものの例から、学習への見通しをもつ。 （1時間：取り出し）	・教材文を音読できるようにするために、新出漢字や本文へのルビ振りをさせる。
②「おもしろいもの見つけた」クイズに参加し、文章の構成を知る。 （1時間：取り出し）	・場所、知らせたいものの様子、おもしろいと思ったところの写真を1枚ずつ示したクイズ例を見せる。
③・身の回りから、おもしろいと思うものを探して、写真を3枚撮る。 ・写真について、どんなものか確認しながら、その特徴を色別短冊にメモする。 ・写真、短冊メモ、文型を利用して、クイズの文を3枚のワークシートに書く。★　（3時間：取り出し）	・個々におもしろいものの写真を準備させる。 ・場所、様子、感想で色分けした短冊に、書く内容をメモさせる。 ・レベル別に2種類のワークシートを準備する。 ・写真に、ワークシートでは表現できず、新たに知った語彙を書き込ませる。
④「おもしろいもの見つけた」クイズをする。　（1時間：取り出し）	
★（在籍学級・国際理解週間）	・在籍学級や国際理解週間でも全校児童に発表する場を設ける。
⑤　原稿用紙に清書をする。 （1時間：取り出し）	・原稿用紙の使い方を確認する。

3-2　活動のねらい（★の活動）

教科　3枚の写真と色別短冊メモをもとに、「見つけた場所」「その様子」「おもしろいと思ったところ」の段落を意識してクイズをつくることができる。

日本語　〈レベル1〉写真に合わせて、適切なことばを文中に入れて、「場所」「様子」「感想」を書くことができる。
〈レベル2〉（レベル1の目標に加え）例文を参考に、修飾語を利用して文を書くことができる。

4　子どもたちの学習の様子

（1）クイズ文の作り方を知る

まず、クイズの作り方を学ぶために、クラス全体で写真と色別短冊メモからクイズ文を作った。児童は、短冊メモをモデル文の中に貼り付けながら、クイズ文を作っていた。全体でクイズを作り上げる活動を通して、写真を日本語の文ではどう表すか、内容によって段落をつくること、短冊メモを文の型を利用して文にすることについて、理解できたようだった。

> ＜提示した文型＞
> 「～は～の形をしています。」「～の大きさは～くらいです。」
> 「おもしろいと思ったところは、～ところです。」
> 「～が～のように見えます。」「～が～みたいだと思います。」

（2）個々にクイズをつくる

次に、3枚の写真に沿って、自分の短冊メモをもとにクイズの文を書いた(クイズ文をつくるワークシートは、日本語の力に応じて2種類準備してある)。

児童は、ワークシートの「問い」や「文章の骨格」を利用して、クイズ文を書いていた。自力で書けない場合は教師が助けたが、写真の横に新たに知った語彙を書き込ませると、そのことばを利用して書きたいことを表現していた。たとえば、下の二つの例では、「幹」、「枝」や「垂れ下がる」ということばを知ったことで文章の表現が変化している。

> ＜文章の表現が変わった例＞
> ・「木の棒が二つに分かれている」→「木の幹が二つに分かれている」
> ・「木の北に、木が下に向いている」→「木の枝が垂れ下がっている」

(3) 在籍学級でクイズ大会をする

自分たちの作ったクイズを在籍学級の友だちにも出題しようということになり、読みの練習では意欲が一層高まった。在籍学級で自分たちの作ったクイズを発表するときの子どもたちの表情は、嬉しそうで、自信

に満ちていた。

（4） 国際理解週間で全校児童にクイズを出題する

　この単元の学習が終了後、国際理解週間で、作ったクイズを全校児童に出題する機会が得られた。この1週間、子どもたちは昼休みに全校児童を順番に取り出しの教室に招いて、写真をスライドで示しながら、クイズを出題した。最初は、緊張した様子であったが、徐々に慣れ、次第に生き生きと楽しそうに発表する姿が見られた。聞き手の児童は、関心をもってクイズに参加していた。終わった後は、大きな声で発表できた喜びからか、充実感に満ちた表情をしていた。

国際理解週間でクイズを出す児童

クラスごとにクイズを聞きに来る児童

支援と子どもたちの学び—実践者の振り返り

（1） クイズ文作りの活動で

　一つ目として、自分の紹介したいおもしろいものの写真を、実際に自分が撮ってクイズを出すという課題が、子どもたちの伝えたいという思いを高め、意欲的な文作りに結びついた。

　二つ目に、文が書けない理由に、子どもたちの語彙不足がある。書きたいと思っても、表現する道具である語彙を知らなければ、文章で表現することは難しい。写真に撮ったものの名称や、その特徴を写真に書き込んでいくことで、語彙不足を補い、自分が「おもしろい」と思ったものについて、文で表現することができた。

　三つ目に、クイズ文を書く前に、色分けした短冊に書く内容をメモさせたが、次の二つの点で、子どもたちのクイズ文作りを円滑にし、書く力を育むことになったと思う。まず、短冊の色を、「見つけた場所」に関するメモを黄色、「その様子」に関するメモを青、そして「おもしろいと思ったところ」をピンクにした。書くことを色分けしたことで、内容によって段落を形成し、どの順番で内容を構成することがクイズ文にとって適当かを学んだと思われる。次に、短冊のメモをワークシートの「骨格文」に書き入れれば文章が作れるようにしたが、そのワークシートの工夫も作文が苦手な子どもの文を書くことへの抵抗感を払拭したようだった。

（2） 日本語教室（取り出しの教室）を飛び出して

　子どもたちに、自分が作ったクイズを在籍学級や国際理解週間で出題する機会を作った。日本語教室で学んだことを、在籍学級や全校児童に発信することは、外国の児童にとっても、聞く側の児童にとっても、互いが学んでいることを知る上で意味があった。在籍学級の児童は、自分たちも学んだ「おもしろいもの見つけた」を作文形式ではなく、クイズ形式で学んでいることに新鮮さを感じていた。また、日本語を学ぶ児童も在籍学級の友だちの前で発表することが嬉しく、自信をもつチャンスにもなった。国際理解週間でのクイズ出題は、心温まる交流の場となった。異なる学年の児童や普段接することのない児童と交流する機会を、意図的に設けて関係性を広げていくことで、児童相互の学びも心も豊かになっていくと感じた。

実践報告 3

日本語教室をオープンにし、音読劇を披露する

4年 国語科
「白いぼうし」

光村図書(平成17〜22年度)『国語四年上巻』

瑞穂小学校での実践：近田由紀子

1 対象児童生徒……小学4年生4名

4名のうち3名はブラジル国籍で母語はポルトガル語の児童である。Aは5歳で来日し、小学校1年から公立小学校に就学している。Bは3年生で来日し公立小学校に編入した。日常会話はできるが、読み書きは小学校1年生相当である。Cは日本生まれで、読むことと書くことは苦手であるが、聞くこと、話すこと、そして考える力は優れている。

もう1名はベトナム国籍で母語はベトナム語のDである。この児童は日本生まれであるが、学習時に用いる用語が理解できないことが多いため、在籍学級での学習では消極的になりがちである。

2 目標

「白いぼうし」は、場面の移り変わり、登場人物のやさしさや不思議さを想像する楽しさを味わうことができる作品である。外国人の子どもたちにとっても、そのよさを味わい、想像を広げることができる教材と考え、次のように目標を設定した。

単元目標 場面の移り変わりに注意しながら、中心人物の性格や気持

ち、情景などについて、書かれた内容をもとに想像して読むことができる。

日本語の目標 人物の行動や心情、場面の様子などがよくわかるように工夫して、日本語を用いて音読劇をすることができる。

3 学習指導計画……7時間

3-1 全体の流れ（★：本事例で紹介する部分）

活　　動	支援の工夫
①学習課題を設定し、学習計画を立てる。　　　　　　（1時間：取り出し）	・夏みかんを実物で示し、物語の情景を想像する活動に生かす。 ・物語の登場人物を確認する。
②場面の様子や中心人物の人柄を捉え、どのように読めばよいか考える。 （2時間：取り出し・2時間：在籍学級）	・読み取ったことを、絵に描いたり動作化したりして表すようにする。
③役割を決めて劇をする。 　　　　　　★（2時間：取り出し）	・VTRで練習を撮影し、それを見ながら振り返りをする。 ・昼休みを利用して他のクラスの子どもや先生にも劇を披露できるようにする。

3-2 活動のねらい

教科 書かれた内容をもとに想像したことを生かして、音読の工夫をすることができる。

日本語 登場人物になる人、地の文を読む人などの役割を決めて、日本語を使って劇をすることができる。

4 子どもたちの学習の様子

（1）「劇をしよう」という活動が生まれる

①で学習計画を立てるとき、まず、次頁の写真にあるようにして登場人物を確認した後、初めての教材文を音読した。「白いぼうし」の会話文には「〜が言いました。」と発話した人を直接示す表現はなく、文脈

からどの人物の会話なのかを理解して読み進めるようになっている。この点は外国人の子どもにとっては混乱しやすく、一つ一つの会話文について、誰が言ったことなのかを確認する作業が必要であった。また「白いワイシャツのそでを、うでまでたくし上げていました。」のような表現もよく理解できないものであった。そこで、動作化しながら、ことばの意味を確認していった。

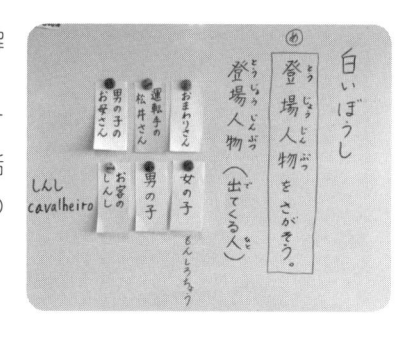

　このような工夫をして、少しずつ理解の手掛かりがつかめた子どもたちは、「ぼくが『松井さん』になるから、Ｂさんたちはお客さんになって」と進んで役割を割り振ったり、絵を描けばさらにわかりやすくなると物語に出てくるものを「信号が赤と青、大通りに裏通り、並木…」と数え上げて絵に描いたりしていった。そのうち、役割を決めて劇をしよう、みんなに見せたいということになった。

　こうして「劇をしよう」、そのために「詳しく読もう」、「４年生の友だち、先生、みんなに見てもらおう」という学習計画が決定した。ただし、４人が在籍しているクラスはそれぞれ違うので、授業時間を使って在籍学級で４人一緒に劇を披露することは難しい。そのことを伝えると「じゃあ、昼休みに国際教室でやろうよ。ぼくたちがみんなに話すから」と、子どもたちのほうから活動を実現に向けて主体的に引っ張っていく提案があった。

（2）劇の発表会に向けて劇をつくりあげる

　場面の様子がわかるように、子どもたちは教科書を手に、背景となる情景をホワイトボードに描いていった。

第６章　子どもたちの「関係性を広げる」学びの場をつくる

次に役割を決めて練習を始め、練習を撮影したVTRで自分たちの演技や地の文の読み方も振り返り、登場人物の行動や心情、情景を話し合って、また練習をする。声の大きさ、目線、細かいところまで、教科書に書かれた内容から考え工夫していった。

（3） 関係性を広げる

活動が進むにつれて「早く発表したい」という気持ちも高まっていく。子どもたちは最初に宣言したとおり、自分たちで発表会の宣伝活動をした。

> 4年生の各教室をまわって
> 今日の昼休み、国際教室で「白いぼうし」の劇をやります。見に来てください。お願いします。

> 職員室にも出かけて
> 昼休みにぼくたちが劇をします。先生たちも来てください。

発表会当日の昼休み、呼びかけに応じてくれた友だちや先生方が集まった。緊張してたどたどしい読み方になってしまったところもあったが、参観者は集中して聞いてくれた。「Aさん、上手」と友だちに感心されたり、「あの子たちもできるんだね」と先生方からも認められたりした。評判が良かったので2回目も実施することになった。楽しそうに活動する様子を

見て、「ぼくたちもやらせて。やりたい」と言って一緒に音読をし始めた外国人の子どももいた。

支援と子どもたちの学び─実践者の振り返り

　「誰の会話かわからない」「場面の様子がイメージできない」「人物の行動がよくわからない」、このようなつまずきから、「動作化してみよう」「役割を決めてやってみよう」「劇をしよう」という活動が生まれた。音読やことばによるやりとりだけでは理解しづらい内容であっても、「友だちとやってみるとわかる」「おもしろい」「他の子どもたちにも見せたい」という気持ちの動きが、発表会という形を生み出し、子ども自身が関係性を広げていったと考えられる。

　この子どもたちの中には、みんなに認められたい、関わりたい、けれど普段の授業や生活では難しい、という子どもがいた。心のどこかで、そんな思いを成し遂げたいと思ったのだろうか。昼休みの発表会を成功させたのは、この子たちの強く願う気持ちだったのかもしれない。本事例では、教師が子どもの思いを邪魔することなく、思いを実現するための手立てを工夫する支援を行ったことがよい結果につながったのではないだろうか。

実践報告 4

自分と社会の関係を意識して、調べ学習を進める

中学1年 総合

「自分・まち・未来」

江南中学校での実践：水島洋子

1 対象児童生徒……中学1年生5名

　5名のうち3名はブラジル国籍、2名はペルー国籍である。ブラジル国籍のAとペルー国籍のBは小学校1年から日本の公立小学校に就学していた。家庭では母語を使うが、学校では日本語でやりとりをしている。しかし、学年相当の教科書の日本語は理解することが難しい。

　ブラジル国籍のCは小学校4年時に、Dは6年時に来日し、日本の小学校に編入した。ペルー国籍のEは中学校1年の6月に初めて来日し、本校に編入した。それぞれ、単語をつないで、なんとか言いたいことを伝えることができるが、文章にして伝えることができない。ひらがなとカタカナの読み書きはでき、漢字は小学校低学年相当まで学習済みである。

2 目標

　中学1年の「総合」の自分の未来について考える単元がもとになっている。生徒たちは将来も日本で生活したいと考えているが、日本で社会人となるための道筋を具体的に描くことができていない。家族から日本社会に関する情報を得ることも困難である。そこで、次のように目標を

設定した。

単元目標　自分たちが置かれている「現在」の社会環境を知り、自分らしさを大切にしながら未来を考えることができる。

日本語の目標　資料を見て気がついたことを日本語で表現し、自分の気持ちを日本語で書くことができる。

3　学習指導計画……10時間

3-1　全体の流れ（★：本事例で紹介する部分）

活　動	支援の工夫
①日本や浜松で暮らすブラジル人やペルー人の実態を理解する。 ・国内の日系人の人口分布、浜松市内の人口分布について調べる。 ・浜松で外国人労働者が従事している職種について調べる。 ・日本で働くために大切なことについて質問する。★ （6時間：取り出し）	・自分たちが暮らすまちに住む、出身国が自分と同じ人たちに着目させることで、興味関心を喚起する。 ・情報を集める活動として、国際交流協会へのインタビュー活動を取り入れる。 ・ハローワーク職員のガイダンスやハローワークの「外国人紹介職種」の資料を活用する。 ・文字を使用する以外の方法（白地図にシールを貼る、グラフ化する）で記録する。 ・ワークシートを準備する。
②「日系」ということばから、自分たちのルーツに関心をもつ。 ・以下の学習内容について、理解を深める。 　　日系人と入管法 　　日系移民の歴史 　　自分の家族の歴史 （3時間：取り出し）	・自分たちの名前の一部についている日本名をきっかけにして考える。 ・JICA横浜海外移住資料館の貸出教材（紙芝居）を活用する。 ・移民の歴史について書かれたリライト教材を準備する。 ・質問項目の文を短くしたり簡単な語彙やイラストを使ったり、日本語に配慮したワークシートを準備する。
③自分の未来について考える。 ・浜松で暮らす日系青年たちの意見を聞く。 ・自分の夢と夢の実現に向けての作文を書く。　（1時間：取り出し）	・日系青年たちが自分の将来について語っているDVDを視聴する。 ・ワークシートを準備する。

3-2　活動のねらい（★の活動）

教科　自分をとりまく現在の社会環境を理解することができる。

日本語　簡単なインタビュー項目を日本語で書いたり質問したりできる。資料を見て気づいたことを日本語で表現できる。

4　子どもたちの学習の様子

（1）　日本国内や浜松市内の日系人の人口分布を調べる学習

　日本国内ではブラジル人やペルー人がどこに多く住んでいるか、人口分布について、始めに予想をさせた。興味を示したが、知識がほとんどなかったので「国際交流協会へ問い合わせる」というタスクを課し、インタビューの項目を考えて、生徒の代表が電話をすることにした。インタビュー結果を地図に記録することで、日系人が多く住む5県がどこに位置するのか、確認もできた。

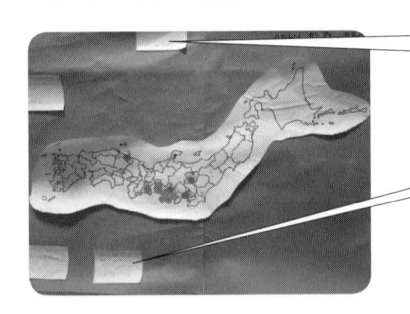

「ブラジル人がものすごくちかくにすんで、ペルー人ははなれているところにすんでいるときずきました。」
【Aの記録】

「ぺるあんの人は日本でいっぱいです。ブラジル人はしずおかとあいちけん」
【Eの記録】

インタビュー結果の記録

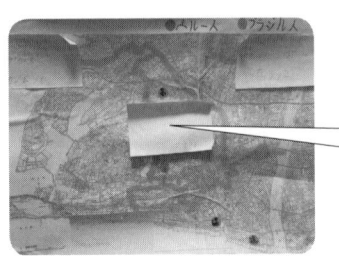

「ペルー人はさなるだいにいっぱいいるけどブラジル人は遠州浜にいっぱいいる。」
【Aの記録】

浜松市の地図と分布

インタビューの情報をもとにブラジル人とペルー人の多く住む県、浜松市内の地区にシールを貼り、気がついたことを書いた（吹き出し内の記述は生徒が書いた内容をそのまま示してある）。

（2） ハローワークのガイダンスを活用する

ハローワークの職員に学校に来てもらい、外国人が日本で働くために知っておいたほうがよいことについて、わかりやすくガイダンスをしてもらった。その後、生徒たちの親や親戚などが実際に日本でどのような仕事に従事しているかを話し合った。生徒たちからは次のような答えが返ってきた。

パソコンの部品を作っている／タイヤの部品を作っている／
バイクの部品を作っている／車の工場／携帯の部品を作っている／
教会の牧師／通訳

さらに、職種に関する知識を広げるために、ハローワークから、「外国人紹介職種資料」を取り寄せ、ハローワークを通して一定期間にどんな職種に外国人が就職したかを生徒たちが集計した。職種の名称は、生徒たちが理解できるように簡単な日本語に変え、教師が読み上げるたびに、ワークシートに印をつけていくようにした。

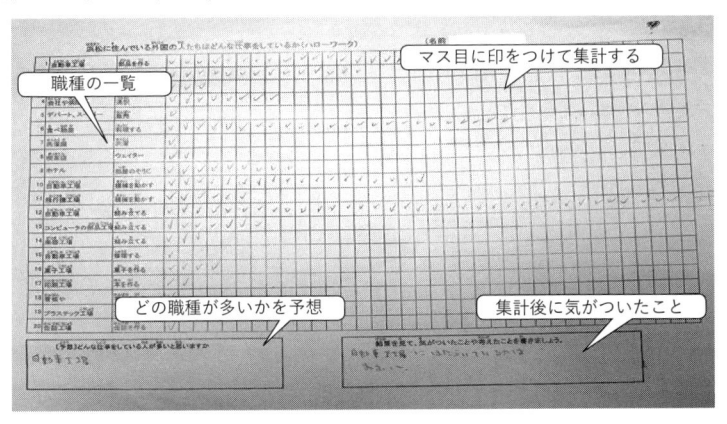

集計に使ったワークシート

集計した結果を見せるよりも、生徒自身が集計を行う活動を通して、外国人が従事する職種に偏りがあることに気づくことができた。ここでは次のようなやりとりがなされた。

> T：外国の人たちは、浜松でどんな仕事をしていますか

> 食べ物屋で働く人が多い

> 自動車工場で働く人が多い

> 修理する人は少ない

> デパートやスーパーで働く人は少ない

　次に、外国人が多く従事している職種とあまり従事していない職種の違いを考え、発表した。その日本語を整えながら、教師が以下のように黒板に整理した。

■自動車工場や食べ物屋で働く人が多い理由はなぜでしょう？
・工場が多いから。
・失業している人が多くて仕事が選べないから。
・日本語の勉強をしていないから日本語を使わなくてもよい仕事をする。
■デパートやスーパー、修理の仕事はなぜ少ないのでしょう。
・デパートやスーパーは、日本語を話したり読まなくてはならないから。
・修理の仕事は勉強や資格が必要だけど、勉強をしていないから。

　ハローワークの職員の方も、日本語の勉強が大事だと話してくれたが、話を聞くだけではなく、実際のデータを使った集計作業を通して生徒に気づきが生まれたと思われる。

支援と子どもたちの学び―実践者の振り返り

　学習内容が自分自身に関係のあることなので、興味をもって取り組んでいた。資料提示に関しては、文字を読んだり話を聞いたりするだけではなく、シールを貼ったり表に印をつけたりする作業活動を取り入れることによって、資料から情報を読み取り、自分たちで発見していく活動になったと思う。5人の生徒の日本語レベルには差があったが、それぞれのもっている語彙で気がついたことを表現できた。

　授業が進むにつれて、生徒たちはこの時間を楽しみにするようになり「もっとやりたい」というようになった。また、生徒自ら「日系人ってなに？」「どうして日本人は昔、ブラジルへ行ったの？」などと疑問を口にするようにもなった。生徒が抱いた疑問を解決していくように授業を進めていった。

　課題は、調べ学習の際、日本語が壁になって使える資料が限られてしまうことである。今回は、その点をカバーするために読み取りをインタビューという口頭のコミュニケーション活動に変えたり資料をリライトしたりして工夫した。

活動の工夫 ④

浜松市立瑞穂小学校　近田由紀子先生の実践

在籍学校とのつながりを明確にする

在籍学級の学習と取り出しでの学習

　4年生では、自分たちでテーマを決めてアンケート調査をし、結果を新聞やパンフレットにまとめるという学習があります。この実践では、外国人の子どもたちも在籍学級の子どもたちと同じ計画で進めました。そうするために、調べたいことを決めたり、アンケートを作ったりすることを、取り出しの指導で丁寧に行いました。そのため、調査活動の段階は在籍学級の活動に参加することができ、かつ、どの子も自分から積極的に取り組むことができたということです。在籍学級とのつながりを具体的に意識した近田先生の実践です。

調査結果はモデル文を示して

　調査結果からわかったことを文章にするときは、知らせたいことがはっきりしているので、モデル文を示すだけで、どんどん書き進めていくことができたようです。クラスによって、新聞にまとめたりパンフレットを作ったり、調べた結果を伝えるやり方はいろいろです。

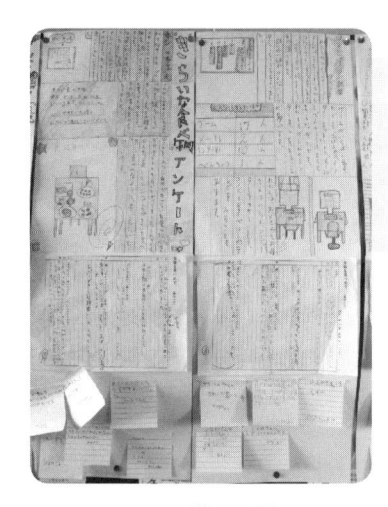

このクラスは調査結果を新聞にまとめました。下方の付箋は友だちからのメッセージです。外国人の子どもも在籍学級の友だちの作品にメッセージをどんどん書いていきました。

このクラスは調査結果をパンフレットにまとめました。パンフレットの裏表紙には、級友からのメッセージがいっぱいです。外国人の子どもも友だちの作品に丁寧にメッセージを書きました。

対等に学び合う姿

　できあがった作品を、在籍学級の子どもたちと読み合い、感想を伝え合う活動も設定します。上に示した写真のように、作品の仕上げ方や伝え合い方はクラスによって違うのですが、どのクラスでも、自信をもって対等に学び合っている姿が見られたそうです。近田先生は「在籍学級の先生の指導に感謝するとともに、感慨深いものがありました」と述べていました。取り出し指導であっても、在籍学級での学習とのつながりを明確化することで、メインから「取り出し」て別のことを補うという位置づけに留まらない、対等な学び合いが起きます。そのためには、在籍学級の先生と協力することがとても重要です。

コメント

第6章

学びの場の「他者」を意識して
―子どもたちの「関係性を広げる」学びの場をつくる―

　人がことばを学ぶとき、自分の外部にあることばを、自分ひとりで内部に取り入れていくわけではない。自分以外の他者が存在し、相互作用をしながら学んでいく。関係性が重要な所以である。第6章では、関係性を広げるための場を意識的に設定し相互作用を促すことで、子どもたちが日本語を学んでいく実践が紹介されている。

　2年生の国語科「たんぽぽのちえ」にも3年生の国語科「おもしろいもの見つけた」にも、教材文からクイズを作り、友だちに出題するという流れがある。教材文からクイズになりそうな部分を抽出し（読む活動）、質問文の形でクイズをつくる（書く活動）。クイズを出題する場は二種類ある。日本語教室で学ぶ子どもたちが普段在籍している通常学級と、所属学級や学年を越え、他の子どもたちを日本語教室に招いて交流する場である。一方、4年生の国語科「白いぼうし」での発信方法は音読劇で、昼休みを利用して他の児童や教員を日本語教室に招き、劇を観てもらう場を作っている。「自分・まち・未来」は中学生対象に行った実践で、先の三つの実践は国語科であったが、これは教科としては総合の時間となっていて、クイズの出題や劇とは異なる場を設定し、生徒たちが関係性を広げられるよう工夫がなされている。中学生という発達段階を考慮した上での設計であろう。

　「たんぽぽ」も「おもしろいもの」も、学校全体のイベントとして国際理解週間があり、それを活用して日本語教室を「開き」、通常、訪れることのない子どもたちをその場に招き入れる。外国人の子どもたちにとって「ホーム」である場で発表できるのは安心感があるのではな

いか。「たんぽぽ」の事例では、1年生を招くとき、「1年生はまだこれを勉強していないから」と、クイズの文章を答えやすいyes/noクエスチョンに作りかえたという。相手を意識し、気遣いができるのも場と関係するのではないだろうか。また、国際理解週間にイベント性を見ることは容易いが、イベント週間が終了した後、廊下にクイズを掲示するという工夫があった。そのことによって、作成したクイズに誰でもが参加できるようになったことも関係性を広げた例である。掲示されたクイズに他の子どもが答えているのを見て、作成した子どもが喜ぶ、これもまた関係性の広がりと捉えられる。教師の工夫によって、イベントは一過性のものでは終わらなくなるのである。

　また、在籍学級と日本語教室では同じ教科書を使っていても、その扱い方が異なる。「おもしろいもの見つけた」の例では、在籍学級の子どもたちが、日本語教室の子どもたちは同じ教材を自分たちとは異なるアプローチ（クイズの作成）で学んでいることを知る。そこでの驚きの声は、お互いが何をしているのかを知る機会が実はそれほど多くはないことを示している。工夫によって意図的に場を広げ、関係性を広げていく必要性を感じる例である。日本語の力を考慮した工夫も、当然ながら見られる。「おもしろいもの見つけた」では、子どもたちを2グループに分け、ワークシートの工夫などことばの状況に合った支援をした上で、同じ課題に取り組ませている。クイズの質問文を書く補助となる短冊を色分けしていることなども、子どもたちには効果的であろう。

　関係性の広がりは、「白いぼうし」では教室の中でも見られる。劇は教室の外に向けての発表会であり、そこにも広がりはあるのだが、教室の中での広がりに着目したい。活動の流れを追っていくと、教材文を劇に仕立てることや劇を発表することも子どもたち主導で進んでいる。誰がどの登場人物を演じるか、役の割り振りは4人の子どもたちがお互いをよく見てよく知ることで可能になる。日本語教室で共に学んでいる子ども同士の関係性は、既に構築されていたであろうが、劇

をしよう、これをやろう、昼休みに招待しよう、と自発的に企画を進めるごとに深まりと広がりを見せていったのではないだろうか。

　子どもたちの発達段階に沿って、関係性の質も展開する。「自分・まち・未来」では、日系人という出自や立場と生徒の将来、進路を意識した調べ学習を行っている。プロジェクトワークの進め方を軸に、インタビュー活動を取り入れたりワークシートを工夫したりして、生徒たちの日本語の状況に合わせた工夫がなされている。さらに、他者との関係性といったとき、ここでは眼前の対話相手を越えたその場にいない他者が、時間軸に沿って立ち現れてくる。現在、過去、未来において、生徒たちが出会う他者である。現在、同国出身者が日本のどこで生活しているのか、過去、自分たちのルーツはどういったものか、未来、自分たちはどんな生活をしたいか、するとどんな人と出会うのか。数字を書き込んだり感想を書いたりしながら、生徒たちは考えたことだろう。同時に、この活動はもう一つ、自分自身との関係性を広げていく。現在の不安定な自分と向き合う、これまで日本で生活してきたこと学習してきたことを振り返る、そして、将来自分は何がしたいか何ができるのか考える。ライフコースということばは使われていないが、中学１年生なりの思いで、それを意識したのではないだろうか。

　日本語教室の子どもたちにとって、目の前の友だちや教師は最も親しい他者である。相互作用も行いやすい。本章の実践者はその接点を大切にして関係性を深めている。と同時に、より豊かなことばの活動を目指して、関係性を広げるための場を設定し、日本語の力に配慮しながら、相互作用を促す支援が本章で展開されている実践であると言える。

（池上摩希子）

第 3 部

インタビュー
── 学校と地域支援とのつながりと広がり ──

　第1部では、浜松市における外国人児童生徒教育の概要を示すとともに、学校教育現場で行われる日本語学習支援のもとになる理念について紹介した。そして、第2部では、外国人児童生徒に対して、実際にどのような実践が行われているか、いくつかの小学校と中学校の授業実践を紹介した。実践者の現場での工夫から、子どもたちが学ぶ様子が窺える。日本語と教科学習を分かつことなく進めることは、ことばと教科の力を育むために重要であることがわかる。しかし、それは容易なことではなく、課題も示されている。

　第1部と第2部を受け、第3部では浜松市の外国人児童生徒教育を総体として支える、様々な支援者の声を紹介していく。支援・教育の場で考えたことや感じたことをインタビューという形で伺った。支援者らは教育行政、学校、NPOなど、それぞれの立場で子どもたちの日本語支援に関わっている。立場と関わり方は異なっても、課題に向き合うとき、子どもたちへの想いは共通しているのではないか。地域でつながる支援者たちが、明日の浜松を支える子どもたちに対して、どのような想いをもっているか、それを読み取っていただきたい。

　なお、お話を伺った方々それぞれの所属や肩書きはインタビュー時点のものである。

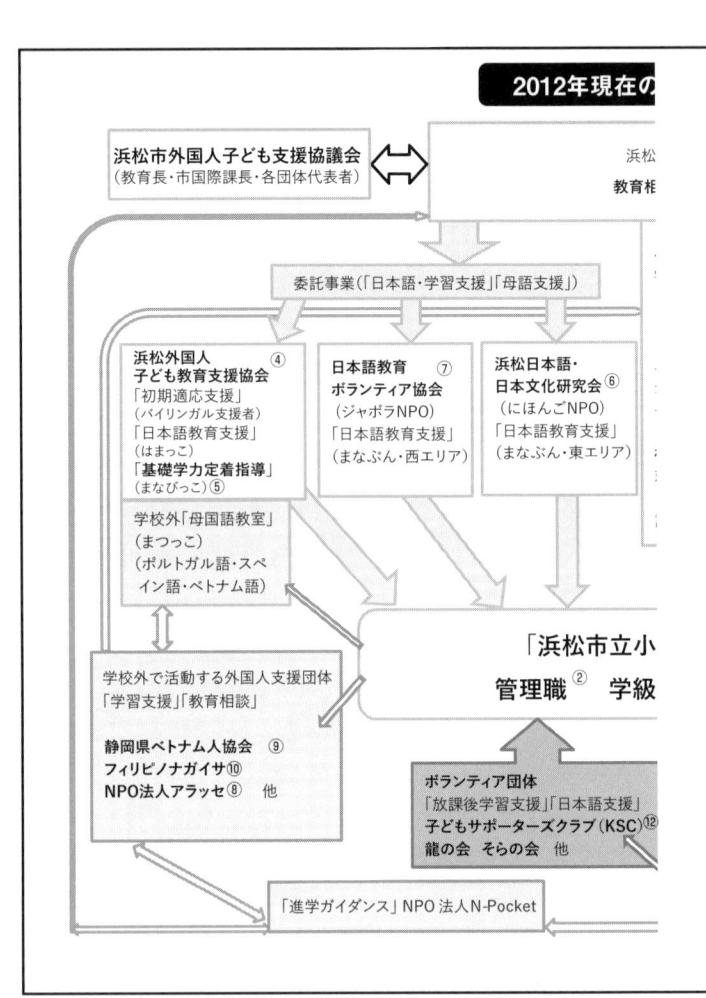

```
                                                    2012年現在の

浜松市外国人子ども支援協議会           ⇔              浜松
(教育長・市国際課長・各団体代表者)                    教育相

                    委託事業(「日本語・学習支援」「母語支援」)

浜松外国人        ④      日本語教育      ⑦     浜松日本語・
子ども教育支援協会          ボランティア協会            日本文化研究会   ⑥
「初期適応支援」          (ジャボラNPO)            (にほんごNPO)
(バイリンガル支援者)         「日本語教育支援」          「日本語教育支援」
「日本語教育支援」          (まなぶん・西エリア)        (まなぶん・東エリア)
(はまっこ)
「基礎学力定着指導」
(まなびっこ) ⑤

学校外「母国語教室」
(まつっこ)
(ポルトガル語・スペ
イン語・ベトナム語)

                                         「浜松市立小
学校外で活動する外国人支援団体                   管理職 ②  学級
「学習支援」「教育相談」

静岡県ベトナム人協会   ⑨       ボランティア団体
フィリピノナガイサ⑩         「放課後学習支援」「日本語支援」
NPO法人アラッセ⑧ 他       子どもサポーターズクラブ(KSC)⑫
                       龍の会 そらの会 他

              「進学ガイダンス」NPO法人N-Pocket
```

「支援ネットワーク」とインタビュイー

注:ボランティア団体や大学は他にもありますが、代表的な団体名のみ表記しました。

①浜松市教育委員会 指導主事 澤田直子
②浜松市立城北小学校 校長 釋精子
③浜松市立瑞穂小学校 教諭 野澤直矢
④NPO法人浜松外国人子ども教育支援協会 事務局長 田中惠子
⑤基礎学力定着指導「まなびっこ」コーディネーター 平野伊子
⑥NPO法人浜松日本語・日本文化研究会「にほんごNPO」代表 加藤庸子
⑦NPO法人日本語教育ボランティア協会「ジャボラNPO」理事長 河合世津美
⑧NPO法人アラッセ 元理事長 秋元ルシナ
⑨静岡県ベトナム人協会 山田明
⑩「フィリピノナガイサ」代表 中村グレイス
⑪浜松市教育委員会 相談員 齊藤ナイル
⑫「子どもサポーターズクラブ(KSC)」2012年度代表 北島勇一
⑬浜松国際交流協会 堀永乃
⑭静岡文化芸術大学 教授 池上重弘

の支援ネットワークマップ

浜松市教育委員会
育相談支援センター ①

バイリンガル支援者の
学校への派遣
「就学支援員」⑪
「就学サポーター」
(ポルトガル語・
スペイン語・中国語・
タガログ語・ベトナム語・
インドネシア語)

相談員の学校訪問・
就学ガイダンス
(ポルトガル語・スペイ
語・英語・フランス語)

国・県の
教職員
加配

浜松市教育研究会
外国人指導研究部
(顧問校長・教員)

浜松市国際理解教育推進協議会
(市教委が任命する教員・支援者)

「小中学校における外国人児童生徒への教育」
級担任　外国人指導担当教員　他の全教職員 ③

⑫

浜松国際交流協会 ⑬
「就学前外国人
児童学校体験教室」

浜松国際交流協会
外国人学習支援センター
「ボランティア支援」

大学生ボランティア ⑭
静岡文化芸術大学
浜松学院大学　他

注:浜松市教育委員会教育相談支援センター資料
「浜松市の外国人児童生徒の現状と教育支援に
ついて」並びに各団体HP資料を参照して
2012年3月に作成したものであり、現在の体制とは異なる。

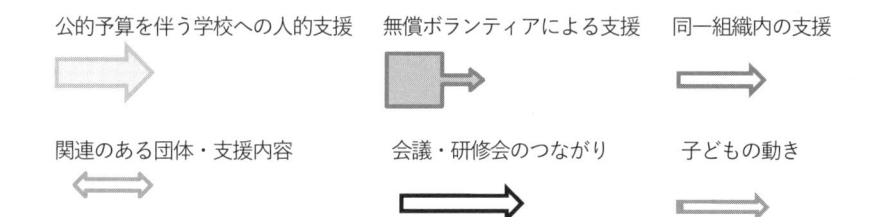

公的予算を伴う学校への人的支援　　無償ボランティアによる支援　　同一組織内の支援

関連のある団体・支援内容　　会議・研修会のつながり　　子どもの動き

インタビュー1

子どもにとって、何が必要か
−教育委員会の立場から、教員の立場から−

澤田直子さん（浜松市教育委員会 指導主事）

> 澤田先生は教育委員会指導課指導主事として、浜松市全体の支援をデザインし、コーディネートする立場にあります。この立場から考えられることや浜松の支援の今後について伺いました。今現在のお考えは、学級担任としてのご自身の体験もベースになっているようでした。　　（2012年4月14日インタビュー）

――まず、外国人の子どもたちに関する浜松の現状について、お話し願えますか。

　子どもたちの人数としては、ピーク時の平成20(2008)年度から減ってきており、1500人を切るところで落ち着いてきたようです。小学生の減り方は大きいですが、中学生は横ばい、むしろ昨年度は若干増えています。中学生の段階では移動は少ないということでしょうか。浜松はブラジルにルーツをもつ子どもが多いのですが、最近はフィリピンから編入する子どもも増えてきました。フィリピンにルーツをもつ子どもたちは、日本語が身についていないことが多く、母語話者による支援を必要とします。

　市としては、平成17(2005)年度から5年間で支援者の増員を図りました。タガログ語、中国語、ベトナム語、インドネシア語に対応する外国人児童生徒就学サポーター[1]も増員してきました。それ以来、増員した数で支援を実施しています。

　浜松市の市域は広く、小中学校154校のうち、118校に外国人の子どもたちが在籍していて、84校から市教委に支援の要請がありました。全ての学校に求められるだけの支援はできませんが、できるだけ支援が届くようにしています。市教委からの支援を配置しきれないところには、

1　第1章 p.18 参照。

浜松市　国籍別の子どもの人数

	合計	ブラジル	ペルー	フィリピン	ベトナム	中国	その他
小学校	909	515	119	113	80	34	48
中学校	506	299	65	60	40	29	13
幼稚園	72	44	7	6	5	0	10
合計	1,487	858	191	179	125	63	71
割合		57.7%	12.8%	12.0%	8.4%	4.2%	4.8%

小・中学校：平成25(2013)年6月30日現在／幼稚園：平成25年4月8日現在
＊浜松市教育委員会ホームページより
http://www.city.hamamatsu.shizuoka.jp/shido/gaikokunitunagarukonosien/jyoukyou.html

NPO法人に委託し、日本語指導者派遣の「まなぶん」などが入れるようにしています[2]。

――浜松の場合、子どもたちが多いので「集住」地域というイメージがありますが、実際は広域に散在しています。そこに支援を配置するのは大変な作業ですね。

大きくて、かつ課題の多い仕事です。「人」をどう配置するかで頭を悩ませます。母語での支援が必要か、日本語指導が必要なのか、その子の適応の状況を見ながら、客観的な配置を心がけています。どの子も同じ方法があるわけではありませんので、学校の考え、実際に関わっている教員や支援者からの聞き取り（調査）、場合によっては学校訪問をして状況をつかみ、考えます。

難しいのは、中学校ですね。外国人児童生徒就学支援員やサポーターによる通訳で学習活動が理解できる子どももいれば、年齢相当の母語は習得しておらず、母語による支援が適当ではない子どももいます。また、一斉授業に参加するにはまだ日本語の習得が及ばず、取り出しによる日本語指導が必要な子どもという場合もあります。実際に学校に行ってみると、支援員やサポーターによる母語での支援というより、教科内容の支援をしてほしいと言われることもあります。言語でのサポートを主とするサポーターは個々への対応に苦労していると思います。「入り込

2　平成25(2013)年度から派遣型の日本語・学習支援を全域で行っている。

み」で隣についても、中学生ぐらいになるとそれを疎んじる子もいます。明らかに授業内容は理解していないようであっても、特別視されたくないという気持ちからでしょう。

——他の子の眼もありますから、難しいですね。澤田先生が今最も大切に思って実践しているのは、指導内容への助言になりますか。

今年から学校訪問を増やしています。学校からの支援の要請を受けて、教育委員会で支援者を配置していきますが、その支援を受け入れる側の体制はどうなっているのか、その内実を見に行く、聞きに行く、というものですね。要請のある84校のうち、62校に支援者が入っていますが、まずは大規模校を優先させて12校に行きます。次に、サポーターが入っている学校を外国人児童生徒相談員3名と副参事とで手分けをして回ります。実態を見て、人的な支援が必要か、それとも質的なものか、学校で工夫できることはないかなど、学校と相談しながらよりよい支援について考えています。

——いろいろな支援をつなぐ役割をしながら描く「浜松の教育」は、どんなものになりますか。

最終的には外国人でも日本人でも、夢や希望をもった浜松市民の育成を目指します。そのために、外国人ならではの配慮をしながら、です。学校側の受け入れや指導体制の向上も求めますね。在籍学級の中で適応して生きていけるようにしていただきたいのです。外国人、日本人に関係なく、子どもたちがお互いに受け入れられるといいですね。日本生まれ・日本育ちの子どもも増えているわけですが、（日本人とは）違うと見られることが、まだまだあります。「外国人だから日本語がわからない、日本の生活文化は理解できない」と言う見方は、根強くあります。外国人といっても、いろいろな人がいますから、一概にわからないだろうと考えるのはよいことではありませんね。

10年ぐらい前でしたか、国際理解教育が学校で盛んに行われていました。それぞれの文化、違いを理解しようという取り組みです。当時は出身国へ「帰る」子どもたちでしたから、それで良かったとして、今は「これからも一緒に暮らしていく」子どもたちです。外国人保護者の意識も、そのように変わっています。お互いに認め合い、共生していく必要

があります。

——市民として成長してほしい、という願いと重なるようですね。こういった働きかけも行政としての仕事に入ると思われますか。

　なかなか、難しいですが。自分たちのできること、それから、やりたいこと、そして、今できることをどうすり合わせていくかで悩みます。何かやらなければいけないときに、これは私たちの管轄なのだろうか、と思うこともあります。管轄から言えば、「就学年齢の子どもたちの支援」が中心なのですが、それだけでは限界があります。子どもの健やかな成長は「就学年齢の指導」に限られたものではありませんから。

　「多文化共生」には、多様な捉え方があるかと思いますが、私は、外国人も日本人もどちらも刺激を受け、双方のよさを認め合うものであってほしいと思います。ぶつかることもあれば妥協することもあります。特別なことではなく、人が一緒に生きていくときに、誰かが不当だと思うことがない、日本人か何人かは関係ない、そういうことです。

——先生がそのようにお考えになるようになったのは、指導主事になられてからですか。

　教育委員会に来る前の年ですから、2年前位になりますが、小学校3年の担任をしていて、全く日本語が話せない子どもが、カナダから編入してきました。韓国籍の子どもでしたので、カナダでは、家庭内言語は韓国語、学校では英語とフランス語を使うという環境でした。来日したとき日本語はゼロ。なんとか通じるのが少しの英語だったので、それを駆使して、必死に関わりました。日本の教育は規律や集団生活のルールが多く、それに馴染むのは大変だったろうと思います。誰にもわからないことばで、授業中に何か話し出したり、教室を飛び出したりすることもありました。そのうち、片言でも日常の日本語がわかるようになってきて、クラスにも受け入れられるようになりました。しかし、一斉授業で日本語の授業を受けるにはハードルが高すぎます。私は仕方がないことだと思いました。でも、本人はカナダでもかなり優秀だったようで、日本語ができないためにいろんなことができないのは、つらくてつらくて仕方がなかったのです。そんな気持ちを、私はそのときはわからなかった

のです。不安な気持ちや憤りに気づいてあげられなかった。

あのとき、もっと違う形で気持ちを汲み取る支援ができていればと今でも思います。親御さんの心配も大きく、相談も頻繁にありました。少しでも学校生活をより楽しく、前向きな気持ちで送るためにできることは何だろうと一緒に考えました。お母さんは英語が話せましたし、お父さんは日本語が堪能だったので、何度も話し合いました。

結局、その子は親御さんの転勤でカナダに帰ってしまいました。小学校3年で日本に来て、約5年間で身につけた日本語が彼女にとって、もう一つの言語になってくれたらいいなと思いました。こうした経験が、「今の立場で、子どもにとって何が必要か」と考えることにつながっているように思います。

――**移動を繰り返す子が多いと、公立の学校だけでも子どもの「学び」をトレースするのは難しいですね。**

はい、小学校6年間に4～5回、学校を移動する例もあります。それもずっと公立の学校というのではなく様々な学校を、です。せめて市内にはその子のカルテなり記録なりがあって、どんな支援を受けてきたのかがわかるといいと思いますが、現在、そういうものをつくる学校は少ないです。発達支援では、個別の指導計画を作成しています。外国につながる子どもも特別な支援を受ける場合、個に関するプロフィール、就学歴や家庭環境といったその子どもの素地を考える上で参考となる内容や指導履歴があると指導の参考となります。外国人指導担当の教員も変わりますからね。

瑞穂小や南の星小などには、いくつか雛型的なものはあるのです。それらをサンプルとして、具体は各学校で加工して使えるといいです[3]。子どもが移動するとしても次の学校でそれを参照する。指導要録では見えない内容、項目が入ってくると思います。

――**浜松の外国人児童生徒に対する日本語支援について、どうあればよいか、先生の抱負や希望をお聞かせください。**

浜松の特徴としては、NPOやボランティアの方による支援が20年以上も行われてきており、その歴史は

---

3 浜松市教育委員会では平成25(2013)年度末に個別の指導計画(浜松市版)を作成。今後、各校での作成活用を呼びかけている。

奥深いものです。こうした方々のもつノウハウを生かしていきたいものです。これまでは日本語指導の難しさから、経験のある日本語指導者に任せてしまうことが多かったように思います。そのため教育委員会や学校が子どもの「本当の困り感」を把握できない状況が生まれていたかもしれません。教育委員会では、支援が本当に必要なところに適切な人的配置や支援を一番に考えたいと思っています。そして、学校では、子どもの日本語の習得状況や学習への適応状況を丁寧に捉えて、取り出しや入り込みの指導を効果的に行うことを考えてほしいと思います。NPOの支援者には、教育委員会の事業の趣旨を理解し、支援体制の充実と子どもの自立のための活動をお願いしています。

　それから、母語の支援をどこでどのようにするのがいいのだろうと悩むことがあります。先生側が困ると感じていることと、子どもが困っていることが合っていないこともあるのではないでしょうか。

　子どもたちは日本語がわからないとストレスを感じるでしょう。でも、日本語で少し覚えたことが「できる」につながり、「ここにいていいんだ」と思うのではないでしょうか。そういう気持ちを大事にしてほしいです。少しぐらい日本語ができなくても、わかることを増やしていけばいい、でも自分でやっていくのだよ、と。そういう初期適応指導をしていきたい。子どもが自立していけるような指導です。母語話者でないと子どもたちのことばや気持ちがわからない、先生方にはそんな弱みがあるから、どうしてもわかる人に「お願いね」となってしまうようです。難しいですね。

　もちろん、予算の制限もあるし、いろいろな支援をつないでやっていくしかないのが現状です。外国につながる子が多く在籍する大規模校では専任の担当もいて、ある程度充実した支援ができていると思います。でも、中規模校や小規模校だと支援の手も少なく、担任に任されていますから、だからこそ、たとえば、こういう支援ができますよという例が示せるといいですね。そういうことができるのはどこだろうと考えたら、ここ、指導課しかない。編入してきた子どもの学びと自立のための支援方法を提示していきたいものです。

インタビューを終えて

　澤田先生は指導主事になられて3年目、最初の年は外国人児童生徒の状況や課題を「知るので精いっぱいでした」と。課題を把握し、改善方法を考えられるようになるには時間が必要ですし、実行に移すには予算の問題もあります。「指導主事ができることは微々たるもの」とおっしゃりながら、浜松全体を見渡した効果的な支援について語られたのが印象的でした。

　また、「私は外国人児童生徒教育のエキスパートではないですから」と言いつつ、先生の子どもを見るまなざしには、子どもに対する日本語教育が大事にしたい点に通底するものがあるように感じました。外国人か日本人かに関係なく互いに受け入れられる教育、子どもが自立するための支援、こういったお話にそれが現れているように思われました。

（池上摩希子）

インタビュー 2

浜松に住む子どもなら、多人数校でも少人数校でも

釋精子さん（浜松市立城北小学校 校長）

> 浜松市でも外国人児童が最も多く在籍する遠州浜小学校での経験を経て、城北小学校の校長である釋精子先生にお話を伺いました。釋先生は管理職として外国人児童への支援をどのように捉え、どのように実施しているのか、そしてその根底にあるお考えはどんなものか、大規模校でも少人数校でも基本は変わらない、大変興味深いお話でした。　（2012年2月20日インタビュー）

――先生が遠州浜小学校にいらしたときは、学校はどんな様子で、どんな支援体制でしたか。

　遠州浜小学校は、市内でも外国人が多く住む団地の中央に位置し、全校400人余りの学校です。私が在職期間中に外国籍児童が急増しました。着任した当初は約40人で全児童の10％ほどでしたが、多いときは23％、99人まで増えました。定住型の保護者が増えると、「日本に住むからやはり日本の小学校に」との考えに加えて、「外国人の子どもに手厚いからいい」という口コミもあったようです。日本語指導の必要な子どもが50人を超えると、外国人加配教諭は2人配置になりました。

　当初支援の体制は十分とは言えず、特に「取り出し授業の方法や効率が悪かった」です。それまでは担任がまず時間割を決定し、その後に外国人担当教諭が取り出しの時間割を作成していくというものでした。そこで、同一学年はまとめて取り出しができ、2つの教室で効率よく授業をするために、学校全体の時間割編成を教務主任が一括するようにしました。教務主任が学年ごとに国語・算数等時間割をそろえるよう組んだ後、外国人指導担当の先生2人が相談して、国語・算数・道徳・生活科・総合的な学習・6年生の社会科について

の取り出しの時間割を決めていきました。ただ、この方法での時間割編成は大変で、半月ぐらいかかりました。さらに学年で取り出す時間をそろえると、担任の判断で時間割を変えることは難しくなって、先生たちはやりづらいこともあったと思います。でも、「批判は私たちが被ろう」と始めました。やってみたら、効率的な取り出しができ授業が進みました。学校全体として進めていくうちに、子どもたちが変容し、それを感じた学級担任の意識が向上し、外国人の子どもたちに小学校6年間で何を学ばせていけば良いのかが見えてきました。

保護者への対応ですが、保護者にはまず、「お子さんをどのように育てたいですか」と聞きます。「大学まで行かせたい」という答えには、「では、高校に行く必要があります。そのためには試験科目5教科の学習は重要です。中学校は教科担任制になり、取り出し授業が難しい。だから小学校6年間でしっかりと勉強をさせましょう。親が子どもの将来に目を向けることが大事だと思います。『なんで私がここで日本語を勉強しないといけないの』という思いを持つ子どももいますからね」と伝えました。

保護者の中には、日本の学校には、いじめ、体罰、差別があると信じている人も多くいました。そこで、「取り出しは特別だけれど差別ではない、在籍学級と同じ単元を同じ進度で勉強を進めます」と説明しました。親にきちんと情報を伝え、「今ある本校の体制の中で外国人の子どもたちに提供できることは全てします。子どもたちはそのような教育を受ける権利をもっています」と説明し、取り出し指導の承諾書に保護者のサインをもらってから始めていきました。

―― 取り出しの指導はどんな様子でしたか。

取り出しの指導ではまず教師が丁寧な日本語を話します。内容は単元のポイントを押さえ、内容を焦点化して集中的に指導します。教材研究と授業の工夫が子どもたちの学習意欲を生みました。普通学級では学習参加が難しい子どもも、取り出し学級ではいきいきとしてきました。

6年生の社会科を取り出し指導にしたのは、高校受験まで見通してのことです。日本史の年表・日本地図・世界地図に慣れさせ、覚えながら基本的な資料活用の力を育ててい

きました。「資料の活用の仕方を学ぶことで自分で調べる力」をつけたかったのです。その結果、社会科のテストでは、普通学級の平均点よりも良い点数が取れる子が出てきました。この体制で指導を始めた学年の中には、高校の普通科に入学した子どももいました。

遠州浜小学校は、外国人加配教諭2名を中心に、「はまっこ(日本語教育支援)」の支援員、放課後勉強室のボランティア30人ほどが加わる体制で、子どもたちが安心して学べる場を広げてきました。子どもたちにとって恵まれた体制になってきていたと思っています。

——**遠州浜小から移られて、現在の小学校では、どんな体制が取られていますか。**

城北小学校区は、市街地に近い文教地区で、外国人はあまり住んでいません。外国籍児童は数人いましたが、日本語が話せるので普通学級で授業を受けていました。私が着任したとき、日本語のわからない子どもが4人入学しました。就学歴はなし。入学当初には明るかった子どもの表情が5月に入ると次第に暗くなりました。「これは早くなんとかしないと」と考え、外国人支援をしている浜松国際交流協会とにほんごNPOに電話して支援を依頼しました。すぐにボランティアさん12人を送ってくれましたので、学習支援をお願いました。

「できるかしら」というボランティアさんの不安には、「日本語が全然わからない子に、親戚のおじさんおばさんが優しく接するという寄り添いの形で」など、状況を詳しく説明してご理解いただき、授業中の支援をお願いしました。

本校では、職員室の隣にある会議室に子どもの机、椅子を置いて支援の教室にしています。みんなの眼に触れるし、全ての先生たちがボランティアさんに挨拶できるからです。ただ、様々な問題を抱えている子どももいてボランティアさんの言うことを聞かないときもあります。「子どもたちが意欲的に学ぶようになるには1年半はかかりますよ」等と常に会話し、ボランティアさんの意欲を維持することにも努めます。年3回、長年外国人指導に関わっている講師を招いて、ボランティアさんの学習会を開きます。外国人の状況や学習支援の方法、子どもの将来について学び、情報交換をしてボランティアさんのやる気をつなげ、支援の力の向

上を図っています。

　今日あった嬉しいことなんですが、日本語がわからない状態で入学した女の子が、漢字の読み方を自分で教科書を開いて調べていました。他にも日本語が全く話せなかった子どもが、2年生の3学期にはかけ算九九を得意げに唱えることができるまでになっています。

　1年生に入学したときに、子どもの日本語力や家庭環境を早く把握して、手をうつことが大事だと思っています。2年3年経ってからでは学習内容も多くなり気持ちの面でも追いつかなくなります。

── 1年生以外の他の学年にはどんなふうにしましたか。

　そうですね、担任の先生に一人ひとりの子どもの様子を尋ねました。例えば担任が「日本語はだいじょうぶですよ」と答えても、「この子、高校受験はできそうですか」と尋ねました。「そこまではまだ無理」と判断されれば、その子の将来のために今できることを一緒に考えました。2年生の2人には国語・算数の支援を始めました。

　5年生の男子について担任に聞くと、「計算はできるけどやる気がないんです。お姉さんは日本語も勉強もよくできました」ということでした。「やる気がないのは学習内容がわからないからではないか」と考え調べていくと、実は姉は母語が確立されてから日本に来ていたことがわかりました。5年生の男子は母語が入らないまま日本に来たようです。今、姉は母語と日本語の両方が話せますが、5年生の子は母語は話せず日本語は友だちと話すようなことばを使っています。保護者にこの子の将来についてどう考えているか尋ねると、「将来は日本で就職させたいです。この子は母語は入っていないから日本語だけです。ことばの壁はないはずです」と返ってきました。親と高校受験の事を考える中で、日本史を含めた社会科の支援を望みますかという質問には、「ぜひお願いします」との答えでした。

── 伺っていると、学校に外国人の子どもが多くても少なくても、大事なことはそれほど変わらない、となりますか。

　どこの学校であっても、日本人の子どもと同様に、外国籍の子ども一人ひとりの状況をよく把握して、その子の将来につながる学びを、今あ

る体制を生かして精一杯やっていくことが大事ですね。外国人の子どもが多くても少なくても大事なことは変わりません。同じ浜松に住むなら、みんな幸せに育ってほしい。この子どもたちがやがて浜松の外国人コミュニティのリーダーとなり、よき浜松市民となってほしいと思っています。

インタビューを終えて

　「校長先生が学校全体の方向を決める」とはよく聞きますが、釋先生のお話からはその具体的な様子がわかりました。それも、ただの上意下達ではなく、校長先生自らが、見て、聞いて、行動している、それが「すごい」ところです。また、ここで伺ったように、支援の目的や中身を保護者に理解してもらうことは子どもの教育にも有効です。と同時に、学校の体制の中でないとなかなかできないことのようにも思いました。であるからこそ、保護者との連携は学校で行う意義があるのでしょう。そうしたことを考えさせられるお話でした。

（池上摩希子）

インタビュー ③ 学校内の連携
――生活指導の立場から――

野澤直矢さん（浜松市立瑞穂小学校　教諭）

> 浜松市立瑞穂小学校の全校児童は約780人ですが、そのうち約12%は両親が外国人である等で、多様な言語文化背景をもつ子どもたちです（2012年2月時点）。野澤直矢先生は、この瑞穂小学校に勤務して3年目になりますが、生徒指導担当教員として、子どもたちの生活面の様々な課題に対応しています。今回は、外国人の子どもたちへの教育が学校全体としてどのように行われているのかについて、生徒指導の立場から語ってくださいました。また、山田かほる校長先生（当時）にも同席いただき、最後にコメントをいただきました。
>
> （2012年2月27日インタビュー）

――**野澤先生は瑞穂小学校にいらして3年目ということですが、外国人の子どもたちの姿に変化はありますか。**

　3年前には、外国の子どもたちが学校内を徘徊する姿がよく見られました。授業中、廊下をフラフラ歩き回ったり、プロレスごっこをしたり。かれらは、自分を信用してくれる人を求めているようでした。私自身は、巡回しているときに、教室に入ろうよと声をかけ、給食を一緒に食べ、一緒に過ごす時間をもつようにしたら、少しずつ関係ができてきました。何か問題が起きたときにも、すぐには怒らず、まずは話を聞き、子どもが落ち着いてきたら指導をしています。そうすれば、子どもは必ず耳を傾けてくれます。そうして、かれらの生活も、徐々に落ち着き、今は、逸脱行動は減ってきています。学校全体で、教職員全員でという意識と体制で生徒指導をしてきた結果だと思います。

――**先生の生徒指導の立場から見**

て、子どもたちが取り出し指導を受けている「なかよし教室」の存在にはどのような意味があると思いますか。

　子どもにとっては、落ち着きのもてる場、癒しの場だと感じています。空き時間に全ての教室を見て回るのですが、「なかよし教室」を訪れると、空気がホンワカしていると感じます。それに対して、在籍学級の中での子どもたちの表情は違います。その子どものレベルに合わせて授業をすることが難しいので、在籍学級では、理解できないことが多いようですので。心の状態は、授業の理解と大きく関わっていると思います。その点で、なかよし教室では、落ち着いて、自分の課題である日本語の学習に、自分のペース、自分の学び方で取り組むことが保障されています。そのことの意味は大きいと思います。心を耕す場になっているのだと思います。

──在籍学級での日本人の子どもたちとの関係で、外国人の子どもたちの成長を感じることがあると思うのですが、どんなときですか。

　瑞穂小では、各クラスの外国人の子どもたちが同じ数になるように編成をしています。1年のはじめのころは、外国人同士で交流する姿がありますが、1年を経過するころには、日本の子どもと一緒にいるようになります。以前は、外国人の子どもだけが集まっているのが目立ったのですが、最近はそれがなくなりました。それぞれがクラスで関係を作っているからだと思います。周りの日本人の子どもも、徐々に声をかけるようになるのですが、それが、日本語を学ぶ糧になっていると思います。

　また、なかよし教室で学習したことが、在籍学級で活かされている場面を見ることもあります。なかよし教室の学習が、在籍学級よりも先に進むこともあるのですが、そうすると在籍学級で子どもたちが「ここやった!」と言って、得意げに発表する様子が見られます。先生や友だちに自分を誉めてもらいたい、認めてもらいたいという気持ちが強いようです。

──野澤先生は学級担任として、外国人児童への対応で困ったことがありますか。

　前の学校でのことですが、「ブラジルから子どもがくる。明日から学校にやりたいので、家に迎えに来てくれ」という電話がかかってきたことが

あります。アパートに迎えに行って、ポルトガル語の辞書を見せながらやりとりしてみましたが、一切通じませんでした。その子が、クラスで初めてのブラジル人の子どもだったのですが、クラス皆で関わるようにしたら、徐々に、日本語を話すようになりました。その子とは、たった4カ月間の付き合いだったのですが、26歳になった今でも連絡があります。

また、児童自立支援施設と併設の学校での経験ですが、子どもの中には、非常に劣悪な家庭環境の外国人の子どもたちがいて、対応が難しかったですね。込み入った複雑な事情がある場合は、通訳といっても、誰でもよいわけではないので、通訳者の使い分けも必要でした。対応しなければならない問題によって、学校の内部のことをよく知っている通訳のほうがいいのか、教育委員会派遣の外部の通訳のほうがいいのかなど、判断していました。

——**学級担任の立場と、生徒指導の立場では、見えてくることに違いがありますか。**

学級担任のときには、クラスの中の数名の外国人の子どもへの教育・支援なので、「個」のみを見て対応方法を考えていました。ですが、現在、同時に60人以上の外国人の子どもを見るようになって、感じることは、非常に多様だということです。それぞれの子どもの個性や特性、状況に合わせた対応をしなければならないと強く感じるようになりました。

——**最近は、発達障害を抱えている外国人の子どもたちのことが話題になりますが、瑞穂小学校では、どのように対応されているのですか。**

現在、発達障害を抱える子どもが少なくなくなりました。かれらへの教育で最も大事にしていることは、中学校に上がり、その後どうしていくかを、保護者と話し合うことです。保護者が、家庭の様子と学校の様子の違いに気づいていない場合もあります。極端なケースですが、DVを受けている子どもの場合などには、家庭ではおとなしいが学校では騒ぐということもあります。そうした学校での子どもの様子を聞いて、親が驚くことが多いのです。親には、小学校段階から、その状況を十分に理解して対応の仕方を考えてもらうようにしています。そうしないと、中学校に通うことが難しくなってしまいますから。

──**先生方が協働的に動けるように、生徒指導面ではどのような体制で対応しているのですか。**

まず、4月の段階で、生徒指導の方針を立てて全ての先生と共有化するようにしています。そのおかげか、生徒指導上の課題があると、担任の先生方から私に「よろしく」と声がかかるようになっています。外国人の子どもの指導の場合は、なかよし教室の担当の先生に入ってもらい、保護者を呼んで指導しています。それに、何か起こるたびに、その出来事を記録しておき、いつでも参照できるようにデータ化しています。

それと、保護者と相談する場合には、トラブルになる場合を考え、必ず複数の教員で対面するようにしています。担任、生徒指導担当教員、外国人児童担当教員、通訳者等とで家庭訪問をしています。それは、日本人のご家庭も基本的には同じです。家庭教育については、日本人家庭か外国人家庭かによる違いではないと思います。

それから、学校内ではなく、中学校との関係に関してですが、子どもに関する情報を全て伝えるようにしています。子ども自身のことの他に、親のこと等も書類に記載しています。部外秘の情報なので、慎重に扱わなければならないのは当然ですが、それを知らなければ、中学校でも対応できませんので。ただ、小学校では、不登校気味になれば毎日でも迎えにいきますが、中学校ではなかなかそこまではできないようですね。多少休んでいても、何か問題を起こしていなければ、一先ずは「安心」というのが中学校の実情のようです。

──**校長先生にお尋ねします。お話を伺って、生徒指導という立場で野澤先生が核になることで、先生方の間でネットワークが結ばれ、それによって外国人児童教育が充実しつつあるという印象を受けたのですが、いかがでしょうか。**

担任の先生も、取り出しの国際教室の先生も、子どものことを考え熱心に取り組んでいます。それでも、互いにすれ違うことはありますね。見えている子どもの姿が異なる場合も、目指す教育の方向性が異なる場合もあります。当事者同士ではそのすれ違いを修復しにくいことが多いのですが、そこをうまくつなぐのが野澤先生のような立場の人だと思います。

それに、外国人担当教員が担任と

頻繁に連絡を取ってくれるので、学級担任は取り出し指導が、どれだけ子どもを癒やしたかを実感するようになっています。以前は、修羅場のような状態だったのが、徐々に落ち着いて勉強に取り組むようになっています。国際教室で落ち着いて学んでいる子どもの中には、日本人の子ども以上に計算がよくできるようになる子どももいます。国際教室での教科指導の質が高いからだと思います。もともと知的に問題があるわけではないので、よい環境と指導があれば、どんどん伸びるのです。そのことが、在籍学級の子どもたちにとっても、担任教員にとっても良い意味で刺激となっていると思います。

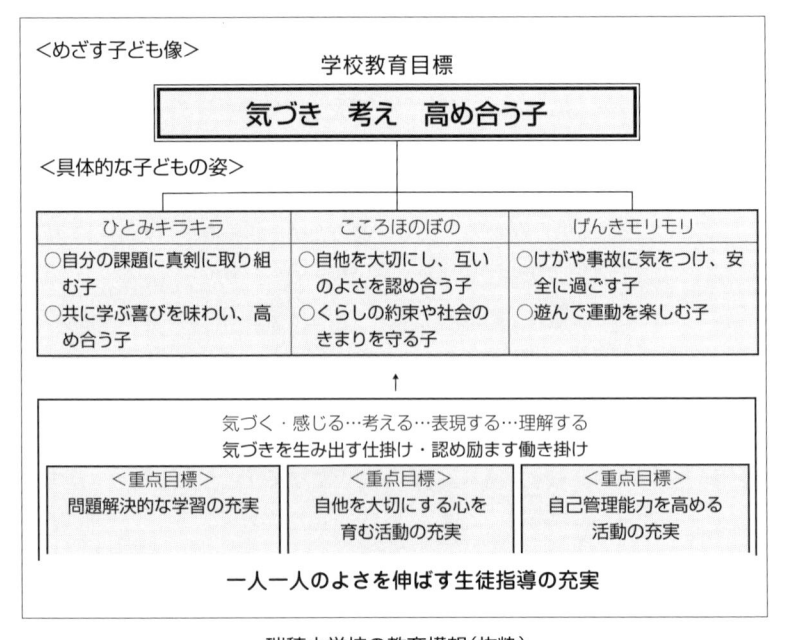

```
<めざす子ども像>
              学校教育目標
         ┌──────────────────┐
         │ 気づき  考え  高め合う子 │
         └──────────────────┘
<具体的な子どもの姿>
┌─────────────┬─────────────┬─────────────┐
│ ひとみキラキラ    │ こころほのぼの    │ げんきモリモリ    │
├─────────────┼─────────────┼─────────────┤
│○自分の課題に真剣に │○自他を大切にし、互 │○けがや事故に気をつけ、│
│ 取り組む子     │ いのよさを認め合う子│ 安全に過ごす子    │
│○共に学ぶ喜びを味わ │○くらしの約束や社会 │○遊んで運動を楽しむ子 │
│ い、高め合う子   │ のきまりを守る子  │           │
└─────────────┴─────────────┴─────────────┘
                    ↑
     気づく・感じる…考える…表現する…理解する
     気づきを生み出す仕掛け・認め励ます働き掛け
┌─────────────┬─────────────┬─────────────┐
│  <重点目標>    │  <重点目標>    │  <重点目標>    │
│ 問題解決的な学習の │ 自他を大切にする心 │ 自己管理能力を高める│
│    充実     │ を育む活動の充実  │   活動の充実    │
└─────────────┴─────────────┴─────────────┘
       一人一人のよさを伸ばす生徒指導の充実
```

瑞穂小学校の教育構想（抜粋）

インタビューを終えて

　野澤先生のお話には、外国人の子どもの教育を、取り出しの教室空間を越えて、また、日本の生活習慣・学校文化への適応や日本語・教科指導の側面に限らず、その子の生活全体を捉えて行うことが重要だというメッセージが込められていました。先生の語りに登場する子どもたちのエピソードから、在籍学級での周囲の子どもとの関係の構築、子どもたちの家庭環境の把握、保護者との相互理解の促進の重要性が伝わってきます。先生方の粘り強い対応で、子どもたちは理解できることが増え、落ち着いて学習に取り組むようになったというお話は印象に残ります。こうした学校全体での取り組みには、先生方をつなぐ役割として、野澤先生のような立場の教員が必要であることを実感しました。

（齋藤ひろみ）

インタビュー 4 浜松市の日本語指導教室を振り返って

田中惠子さん(NPO法人浜松外国人子ども教育支援協会 事務局長)

> 田中惠子さんは、NPO法人浜松外国人子ども教育支援協会の事務局長として、浜松市教育委員会委託の初期適応指導と日本語教育支援を行う「はまっこ」教室や、母語教室「まつっこ」の運営、不就学対策支援活動を推進している。インタビューでは、浜松市での日本語指導教室の歴史や、「はまっこ」における日本語指導の内容を中心に語っていただいた。
>
> (2012年3月27日インタビュー)

——「はまっこ」の活動は、どのぐらいの規模で行われているのですか。

　浜松市内で、9つの場所に「はまっこ」の教室が設置されています。小学生対象の教室が6校、中学生対象の教室が3校です。小学生対象の教室は、公立小学校にあるのですが、5、6時間目の授業に、取り出しで日本語指導を行っています。近隣の小学校から子どもたちが通級できるシステムです。中学生の教室は、元城小学校と江南中学校にあります。交通の便が良い元城小学校は、通級してもらうセンター校方式での実施です。江南中学校は自校生のみが対象です。その他に浜名高校では、授業時間帯以外の定時制の時間帯にステップアップクラスを開いています。ある程度日本に慣れていて、授業を抜けたくないという中学生が集まってきています。授業外の教室へのニーズは高いのですが、放課後なので安全面の問題があり、教室数は増やせない状況です。

——「はまっこ」では、具体的にはどのような内容の学習指導をしているのですか。

　まずは、学校内で母語対応や初期対応を、バイリンガルスタッフが行っ

ています。「はまっこ」の日本語指導は週2回ですが、基本的には学校の生活で自然に学んだことを整理する場と考えています。指導内容は、基本は初級から中級までの日本語が中心です。日本語の文型・語彙等は、子どもたちの状況に合わせ、どの項目を教えるか、どの順番かを決めています。それをもとに副教材等を作り、わかりやすい授業を目指します。

また、教科の切り口からも日本語指導を考えてもいて、教科に関連のある内容を教材に取り入れています。その他、学校からのニーズに合わせて、漢字、九九、文章題などの指導も行っています。

これまで行ってきた教育内容や活動は、テキスト『はまっこ』として教材化しました。絵はスタッフが描いていますし、私たち自身の経験に基づいた教材なので、副教材を関連付けて使えます。この教材作りが、スタッフの研修にもなったように思います。2冊目からは市の費用で印刷してもらっています。

── 「はまっこ」への通級のタイミングや期間については、どのようにして決定しているのですか。

「はまっこ」の支援者側の日本語の力の把握と、学校側の生活・学習面の把握を合わせ、「はまっこ」で学習したほうがよいと考えた場合に、保護者に相談し、学校が最終的に判断して決定するしくみです。保護者との連絡は、学校が行っています。「はまっこ」で学ぶ期間については、学校や先生によって判断にはかなり違いがありますが、小学校はおおよそ1年程度です。小学校高学年来日の子どもには、長い場合、3年程度というケースもありましたが。短期

間の通級になるのは3年生が多いですね。中学生の場合は、学校と家庭以外の活動の場をも考慮します。生徒の気持ちを受け止めることと、教育上の規律とのバランスを取ることが難しいと感じます。日本語教室の私たちと学校の先生方とは考え方が異なる場合がありますが、ケースごとに相談しながら進めています。

――子どもたちの担当の先生方とはどのように連携しているのですか。

学期ごとに、先生方には連絡カードで様子を知らせています。開設当初は、生活面のことを中心に伝えていたのですが、最近は、児童生徒の成長を具体的に伝えるようにしています。子どもたちは、自分からは「これができるようになった」とは言わないですよね。なので、私たちが、子どもたちの「できる姿」を引き出して、先生方に伝える必要があると思って。ただ、中学生の場合は、知っていても、できても、それを総動員してやろうとしないところがあるので難しいです。教室では、勉強はできないけれど授業の邪魔にはならない、指示通りには動くという生徒は、問題が見えなくなります。それに、中学生は周囲の生徒と触れ合う時間が少なく、友だちができにくいようです。

――**中学生の場合は、高校受験をどうするかに直結するので、学力の問題が鮮明に浮かび上がると思いますが、どのような状況なのですか。**

学力のある子は、短期間でも支援があれば、高校に入りやすいようです。県立高校は、来日3年未満だと特別枠があります。他には、市立浜松高等学校に国際コースがあって、

定員は20名ですが、外国人が7,8名程度入学しています。平成23(2011)年度の試験では、中国人3人、ブラジル人3人の計6人が外国人でした。中国人3人は「はまっこ」で学習した生徒です。かれらには、途中から、母語で培った学力を日本語でどう表現するかを中心にした教科学習支援に切り替えました。母国の成績と、通訳を介して学力を把握して、それをもとにどのような指導をするかを決定しました。

――かなり広範囲の活動を展開されていますが、指導スタッフはどのような方を募っているのですか。

現在(平成24(2012)年3月)、94名のスタッフがいます。NPO法人として市の委託を受けているので、スタッフには、まずNPO法人に会員登録をしてもらいます。「はまっこ」スタッフは、日本語指導、次に教科指導へという順番で経験していきます。やさしい日本語で話すことは、実は難しく、一生懸命説明しているつもりでも、それがかえって難しい場合もあります。日本語指導の経験で、子どもたちが日本語のどこがわからないかがわかるようになるし、問いかけ方や、レベルに合ったことばの選択もできるようになるようです。教科指導でそれが生かされます。スタッフからも、この順番で良かったという感想を耳にします。スタッフの研修は定期的に行っています。内部研修として改定版テキストの内容と使い方に関する研修をします。新人研修も行いますし、自分たちでは解決できない問題、たとえば「JSLカリキュラム」等については、外部講師を呼んで実施しています。1年で、7〜8人のスタッフが新たに加わるのですが、新人研修を各学期に3〜4回実施しています。

――「はまっこ」以外にも、NPOとして、広く活動をされているようですが。

はい、平成18(2006)年に「はまっこ」と同時に、母語教室の「まつっこ」が始まったのですが、その運営も行っています。現在は、ポルトガル語(午前・午後)200人、スペイン語40人、ベトナム語40人の3教室を担当しています。子どもたちは、母語なしに成長することは難しいです。継承語としての意味やねらいを考えて指導していますが、最終的には家庭が育てるものなので、そのきっかけ作りと考えています。民族的コ

ミュニティに関する考えをもてるように、文字や出身国の歴史や文化を知る機会を提供するつもりでいます。

「まつっこ」に小学生が通うには、保護者の送り迎えが必要です。待っている間、保護者同士が学校の行事や通知について話し合ったりし、ネットワーク作りになっています。保護者は教育熱心で「いつ帰るかわからないが、勉強はしっかりさせたいし、母語でも深く関わり続けたい」と思っているようです。リーマンショックや東日本大震災後、帰らざるを得ない状況があり得ると考え、母語についての意識が高まったようです。私たちも、「家庭でしっかり教育を」「母語の土台がないと日本語も伸びませんよ」「母語で学んだことは、日本の学校でも役に立つよ」というメッセージを伝えたかったので嬉しく思っています。

── 田中さん方の活動の中心となっている「はまっこ」は、前身が元城小学校に設置されていた日本語教室だと伺っていますが、約20年の歴史について少し教えてください。

元城小学校での日本語教室は、「浜松市外国人児童生徒適応指導教室」として、平成5(1993)年にスタートしました。その後、運営をしていたグループが平成18(2006)年に「浜松市外国人子ども教育支援協議会」となって教育委員会より委託を受けて教室運営するようになり、平成20(2008)年からはNPO法人として認証を受けて事業を行っています。当初は、20名ぐらいのスタッフで運営していました。元城小学校に事務局を置いていますが、元城小自体には外国人児童数は多くはなく、他校からの通級が多かったため、通級についての理解が非常に重要でした。特に、外国人の中学生が小学校に通うということについて、周囲からは大きな抵抗がありました。中学生への指導については、生活指導抜きには考えられませんでしたので。

あれから約20年ですが、教育委員会とずっと関係を保ち、元城小学校からも信頼してもらえるようになりました。学校と同じように子どもの安全管理等を意識してきたことが理由の一つだと思います。当初の指導目的は、言語でのコミュニケーションと考えていました。今は、長期滞在や定住化により日本の教育機関の中で長く関わり成長していく子どもが増えたため、在籍学級の授業に参加できるようにと変わってきています。

──地域の支援者の立場で、子どもたちの成長を見守っているのですね。

はい、そう思っています。今は、以前に比べ、地域に様々な支援がありますが、支援がありすぎて、「待つ」姿勢の子どもが少なくないようにも思います。高校入学後、支援がなくなったときに自力で解決できなければ、ドロップアウトしてしまうこともあり心配です。支援の中身を考えると、学校が基点となって、多様な支援がつながり、重なり、子どもたちを全体として支える構造がいいと思います。教育委員会のリーダーシップに期待しています。

最近は、この日本語教室を修了した人の中に、自分の子どもを連れてここに遊びに来る人もいますし、教育委員会のサポーターになって活躍している人もいます。こうした、子どもたちが成長した姿を見るのが喜びになりますし、やりがいを感じています。

●インタビューを終えて

　元城小学校での日本語教室「浜松市外国人児童生徒適応指導教室」が始まってから約20年、田中さん方は、初期段階の日本語指導を中心に活動してきました。この間、子どもたちの状況は変化し、市の外国人児童生徒への教育施策も大きく展開しました。それに応じて組織を再編し、スタッフの研修を行いながら継続してきました。田中さんが「私たちも、先生方も、長い期間、子どもを見てきて、徐々に変わってきました」と語っていましたが、それを可能にしたのは、田中さん方の使命感にも似た強い信念なのだろうと感じました。田中さん方のNPOは、平成24(2012)年の末より、事務局を砂丘小学校に移し、活動を続けています。

(齋藤ひろみ)

インタビュー 5

「教え、育てること」に違いはない

平野伊子（よしこ）さん（基礎学力定着指導「まなびっこ」コーディネーター）

> 外国人児童の算数科の学習を支援する「まなびっこ」は、平成20（2008）年度に瑞穂小で学外の支援者4名によって始まりました。平野伊子先生は浜松市において長く小学校教育に携わってこられ、校長職を退かれて1年後に「まなびっこ」の立ち上げから関わった方です。現在もコーディネーターとして、また、支援者として子どもたちを支援しています。　（2012年6月25日インタビュー）

──先生は何がきっかけで「まなびっこ」を立ち上げたのでしょうか。

　きっかけと言われれば、「頼まれたから」ですね。断れなくてやることになりました。退職前に校長として赴任していた学校では、外国の子たちがどんどん増えているころでした。1年間で10名ほど増えていました。それで、担任の先生方がいつも困っていました。保護者と意思疎通ができない、欠席の連絡をしてくれない、校納金や提出物を出してくれない等。私が校長として外国の子どもを学校に受け入れるスタンスは、日本人の子どもも外国人の子どもも同じでした。転入時に校長室に来た人たちには「日本人の子も外国人の子も変わりなく、学校は受け入れています。日本の子どもも外国の子ども同じように大切にします」と伝えていました。そして「休むときは必ず学校に連絡をください」「校納金は遅れてもよいので、必ず納めてください」とその理由を話しながらお願いしました。こういった経験もあって、外国の子どもたちも先生方も、それぞれに困っているのだろうと、支援を始めることになりました。

──では、「まなびっこ」立ち上げにあたって留意されたことはどんなことでしたか。

平成19(2007)年度末から準備として、指導者の確保にあたりました。外国の子どもを指導するという点では初めてのことで、どのようにしていったらよいのか見当がつきませんでしたが、これまでの教職経験から想像して、次のような人に声をかけました。まずは子どもを大切にしてくれる人。そして、一人の人としてすばらしいと思える人です。

　教科として「算数科」を選んだのですが、その理由は、算数は系統学習という点が最も顕著な教科だからです。後からでは取り返しが難しい。高校生の実態を聞くにつけ、小学生のうちにしっかりと力をつけてやりたいと思いました。同時に、算数はできるようになったことを子ども自身が実感しやすい教科でもあるからです。

――そのようにして始まった「まなびっこ」ですが、5年目を迎えるまでに、どんな変化がありましたか。

　初年度はとにかく、校長、教頭、教務、生徒指導主任の先生方と担当者との連携を図りました。同時に、指導者の皆さんの困ったことの相談にのりました。困ったこと、というのは、たとえば、子どもが授業に取り組む態度等です。席に座っていられないとか、勝手に母語で友だちと話すとか、勉強をしようとしないとかです。このように指導者が困っていることを話し合うために、時間を作って瑞穂小に出向いたりファックスや電話で連絡を取り合ったりしました。始めの2年間は、私自身がまだ教育相談の仕事をしていましたので。振り返ってみますと、学校側は随分理解してくれるようになりました。また、指導してくれる先生方が随分落ち着いて自信をもって指導をしてくれるよ

うになったようでした。始めは関係作りが大切なんです。2年目には指導者の方たちも経験を積んで、指導の目途が立ったように見えました。3年目からは私自身も子どもを担当することができて、やはり直接関われることは楽しいですね。それに、開始3年目には市の教育委員会からも「まなびっこ」の授業を参観に来てくださって、この活動の意義を認めてくださいました。

—— 3年目までは瑞穂小だけで活動していたのが、他の小学校にも広がりました。それが、4年目ですね。

そうです。3年目に教育委員会から、瑞穂小でどのように「まなびっこ」を運営しているか聞かれましたので、資料を作成し提出しました。教育委員会ではこの資料をもとに、他の小学校にもこうした支援を広げるための希望調査をしてくれました。それで、浜名小学校でも「まなびっこ」が展開できました。募集したら、4校から希望があり、その中から浜名小1校がプラスされたんです。そこで、指導者を8名に増員しました。浜名小はフィリピンにつながる子どもが多いですね。瑞穂小での経験者にも浜名小に入ってもらいましたので、それまでの経験を生かして指導をしてくれ、新しい学校でも順調に進みました。もちろん、小さな問題はありましたが、1年が終わって、学校側から大変喜んでいただくことができました。現在、5年目になりますが、支援に入っている学校も4校に増えました。本年度は17校から希望があったそうですが、その中から2校を選び、プラスして合計4校になり、指導者は14名になりました。

――「まなびっこ」全体が変化し、広がっていく中で、指導者の皆さんご自身の変化はどういったものでしたか。

　月例研修という形で月に一度、指導者全員で児童の情報交換や指導方法について話し合う機会をもっていますが、そこでの先生方の成長は大きいと思います。指導開始１年目は、外国人の子どもには関わったことがないからどうしようと心配していた指導者も、外国人の子どもも日本人の子どもも、実際指導をしてみると指導の基本は同じだと感じているようです。また、私自身も、実際に子どもの指導を始めて３年目、外国につながる子どもたちのことが、徐々に深く理解できるようになってきています。他の指導者も全く同じだと思います。子どもは、指導によって変わりますね。自分に自信がもてるようになると、「よい子」になろうとしますし、算数学習にも意欲的になり、自己肯定感も自然に育っていくように思います。

――それは「まなびっこ」に関わる前から先生の教育観としてあり、特段変わってはいない、ということでしょうか。

　はい、最初は、「自分が学校教育でやってきたことが通じるかな？」という思いで不安でしたね。立ち上げたばかりのときは指導者の方々も不安だったと思いますが、今は外国人の子どもたちと関わる経験を積んだり月例研修で学び合ったりして、落ち着いて指導にあたれるようになったと感じています。今までの方向性が間違っていなかったと確信でき、ほっとしています。同時に、指導者自身がいつも謙虚に学び合おうとする姿勢は子どもにも伝わって、それが子どもの成長に大きく関わっているのだと思われます。

　実践を通して、教え育てることの基本は、外国の子どもも日本の子ども変わらないことがわかりました。教える側が、子どもの心の中に入っていけるような存在でないと子どもは変わらないし、育たない。外国人の子どもと向き合ったとき、学習内容を半強制的に教えるということではなく、一人ひとりの子どもと心をつないでいくことが非常に重要だと思われます。特に大変な子ども、たとえば、算数指導どころではなく、席についていられない子ども、話が聞けない子ども等が１カ月や２カ月の指導で素直に学ぶようになることはな

いです。でも、本気で子どもと向かい合うとき、少しずつ少しずつ変わっていきます。外国人の子どもたちはことばや習慣等が違う分だけ、私たちが想像する以上に辛い思いをしていることが多いのではないでしょうか。だからこそ、まず心を受け止めてあげたいと思います。「あ、私のことわかってくれている」という気持ちになってくれたとき、そして、算数がわかったと感じてくれたとき、子どもは変わっていくと思います。外国人の子どもも、日本人の子どもも根本的には同じですね。

――とても、共感できます。では、今の「まなびっこ」の課題は何でしょうか。

　指導者の数を増やせばもっと支援の輪が広げられますが、今までやってきた良い面を共有しながら広げていくというのは、簡単ではないように思われます。いろいろな指導者が集まってくるとき、これまで積み上げてきたことが壊れないようにし、子どもにとってよりよい支援が続けられるようにしたいと思っています。学校との連携については、やはり何と言っても校長先生との信頼関係が一番大切だと感じます。今は幸い、4校のどの校長先生にも「まなびっこ」についてご理解いただいています。そして、外国人担当の先生、担任の先生方には多大なご協力をいただきありがたく思っています。

――最後に、先生は浜松市の子どもたちへの支援はどうあってほしいと思われますか。

　子どもたちは浜松市で成長して大人になりますね。だから、「立派な浜松市民」に育っていくためには、外国人の児童生徒の小・中学校教育をどのようにしていくのかが非常に重要だと思います。教育委員会が、今その道筋を作ってくれています。期待しています。外国人の子どもたちが市のどこの学校に通っていても、みんな同じように適切な支援が受けられるようになってほしいと思います。

インタビューを終えて
　平野先生のお話を伺っていると、外国人の子ども、日本人の子ども、と言い分けていることに意味がないような気持ちにさえなります。「教えているときが本当に楽しい」とおっしゃる平野先生。子どもたちとのエピソードにお話が及ぶと、語り口調は一層熱を帯びて、先生が子どもたちの成長を心から楽しんでいらっしゃるのが伝わってきました。算数を通して、日本語も生きる力も伸びる、そんな信念を「まなびっこ」の先生たちと平野先生は共有しているように思いました。

（池上摩希子）

インタビュー 6

「まなぶん」教室の運営と子どもたちの姿

加藤庸子さん（NPO法人浜松日本語・日本文化研究会「にほんごNPO」代表）

> 加藤庸子さんは、NPO法人の代表として、市の委託事業により浜松市東エリアの「まなぶん（日本語教育支援）」教室(15校)を運営するほか、県の緊急雇用対策事業として、日本語指導員の派遣事業（浜松市5校、湖西市4校、袋井市1校）を実施しています（平成24年度）。平成24(2012)年秋には、「外国人子ども学習サポートボランティア養成講座」を開催しました。また、地域の外国人住民向けの日本語教室も主催しています。このインタビューでは「まなぶん」の活動を中心に伺いました。
> （2012年9月10日インタビュー）

――どのような経緯で多くの学校で外国人の子どもたちの支援をするようになったのですか。

　最初は、ブラジル人学校の子どもたちに日本語を教えるボランティア活動を始めました。それが平成13(2001)年です。翌年に、竜禅寺小学校で日本語を母語としない子どもたちが困っていると聞き、「龍の会」を組織しました。それが、学校での日本語支援のスタートです。本格的に活動を始めたのは平成17(2005)年からですが、そのきっかけは、成人対象の日本語教室に、一人のブラジル人少女が「この教室で証書がもらえるなら、ここで勉強したい。中学校はやめたい」とやってきたことです。その少女が住んでいる遠州浜地区は、その頃外国人の子どもたちが急増したのですが、支援活動が行われていませんでした。その生徒には、これからの人生にとって「学校の卒業証書」が大事だと話をし、中学校に戻らせました。そのとき、この状況をなんとかしなければと思って、まずは五島公民館で子ども対象の日本語ボランティア教室を始めました。半年経って、参加する子どもが数名

に増えたのですが、その中に、1年生でひらがなが全く読み書きできないブラジルの子どもがいました。指導員の知り合いに「小学校に入学して半年たつのに！」と話すと、「そんな子は、ざらだ」と言うので、学校と連携して支援を行わないことにはダメだと思いました。そこで、大胆にも教育長に直に話しに行きました。すると、教育長は遠州浜小学校の釋校長先生（当時）にすぐにコンタクトを取り、小学校での放課後日本語支援の活動が始まったのです。その後、遠州浜の地元の人もボランティアに加わってくれて、20人規模で教室を運営できるようになりました。

——平成22（2010）年からは、これまでの経験を生かして、市の委託事業「まなぶん」の活動をされているということですが、どんな子どもたちに、どのような内容を教えているのですか。

「まなぶん」は、初期日本語と教科学習のサポートのための教室で、教育委員会からの委託で行っています。支援は、学校が、学習支援の必要な児童生徒の存在に気づき、市教委に派遣を申請することでスタートします。そこで、私たちが学校に行って話を聞くと、「他にも勉強が遅れている外国人の生徒がいるけど、いい子だ」とか、以前日本語支援をした子どもも「元気だけど、勉強はできない」という返事が返ってきたりします。支援対象の子どもたちは日本語で日常の会話ができる子が多いのですが、そういう子どもたちはあまり目立たないので、学校が学習に問題があることに気づいていない場合もあるということです。そこで、「まなぶん」の指導内容を伝えると、「じゃあ、この子も」と支援を要請される

ことがよくあります。特に、中学校でそういうことが多いです。私たちが学校で活動することで、先生方が外国人の子どもたちの学習面の課題に意識を向ける契機になっているように思います。

――「まなぶん」では、15の学校にスタッフを派遣しているということですが、それぞれが独自の判断で内容や方法を決定して実施しているのですか。

今年(平成24(2012)年度)は、これまでに52人の子どもたちの支援を行ってきました。ブラジル、フィリピンからの子どもが多いです。基本的には、一対一で対応をして、子どもに応じて内容も方法も検討しています。とはいっても、個々のスタッフに一任というのではなく、研修等を通して、学習支援の考え方や教材の工夫について勉強したり、支援内容について検討したりしています。また、ネット上で、作成した教材と支援記録を共有することができるようにしています。その支援記録を読むと、どんな内容をどのように教えたのか、そのときの子どもたちの様子はどうだったのかがわかります。それが、他のスタッフにとっての支援のヒントになりますし、「まなぶん」で、子どもたちが何を学び、どのように成長しているのかが把握できて励みになります。

あるスタッフが書いたペルーから来た子どもの支援についての報告の一部を紹介します。これを読んで、この子は知的な刺激を受け、学ぶ喜びを感じていると思いました。出身地のペルーと教科の内容とを結びつけていることも、この子がクラスでの学習に参加するときの助けになるとも思います。

> <支援報告の例>
> 表やグラフは3年から6年まで種類を変えてでてくるので、まず折れ線グラフだけはと思い、リマと東京の年間平均気温のプリントを作り、方眼用紙も用意して行った。ペルーにちなんだもので興味をもってくれ、グラフの縦線から数字を探し慎重に黒ぽつをつけた。最後に線をつなげてみると、対象的な曲線に「えーっ!」と素直に驚く。ここで「でも」を紹介し、「ペルーは(月)が一番あついです。でも、東京は(月)が一番あついです」など、違いを表す穴埋め文を完成させた。終了後は、友だちに紙を見せ、「(ペルー)とちがう」と言う。そして、予想外に、今から来ることになった夏におびえていた。
> …平成24(2012)年6月14日の佐々木しのぶさんの報告

──**現実的な話になりますが、一人の子どもに対して、「まなぶん」のスタッフ派遣はどの程度行えるのですか。**

　派遣要請校の数や対象の学校にいる子どもの数によりますし、1年単位の予算なので、1学期と2学期で基準を変えて派遣せざるを得ない状況です。平成24(2012)年度の場合ですが、前期の5月からの場合は、初期日本語支援の必要な児童生徒に短期集中で100時間の支援を8校に、教科学習支援の必要な児童には80時間で9校に派遣しました。この年は1学期にかなり予算を使ったので、2学期は新規が80時間、継続は40～60時間でした。予算がなくなれば打ち切りとなるので、継続が必要な場合は本当に残念に思いました。

　市教委は、初期適応指導、通級型初期日本語指導は「はまっこ」、派遣型初期日本語指導及び学習支援は「まなぶん」と分け、予算も委託しているNPOもそれぞれ別にしています。ですので、来日後、子どもたちはこの三つの段階で別々に支援を受けることになりますし、委託を受けている私たちは見通しが立てにくく、年度末には予算がなくなって対応できないという状況です。浜松市の広さからは合理性もあるのですが、それぞれの支援がつながりにくいという課題があると思います。

──**いくつもの団体で支援活動をしているとなると、その連携や協力が大事だと思うのですが、何か情報交換や共有化のしくみがあるのですか。**

　残念ですが、今のところ、委託を受けているそれぞれの団体が自分たちの仕事をするので精一杯というと

インタビュー:「まなぶん」教室の運営と子どもたちの姿　213

ころです。私としては、子どもたちの個人カルテ等が作成されて、学習の軌跡を確認できるしくみや教材の共有化、支援の中身についての情報交換ができるシステムがほしいと思っています。

　それは、子どもたちの学習について共通の理解をしながら、よりよい支援を行うために必要だと思うからです。と同時に、スタッフの心的負担を軽減することにもなると思います。たとえば、「まなぶん」で熱心に活動をしていたスタッフには、「教材が作れない、支援に自信がもてない」とやめる人がいます。真面目だからこそなのですが、そういう方も、もし、教材や支援の工夫などを共有して利用できるような市全体のしくみがあれば、それぞれの特性を生かして支援を続けやすくなるのではないかと思います。なんとか、ネットワーク化をしたいし、期待したいです。

●インタビューを終えて
　インタビュー当日、浜松市立内野小学校の「まなぶん」を訪問しました。５年生の児童が３人、放課後に図書館に集まり、算数の復習問題、国語「大造じいさんとガン」の漢字の読みと音読、「世界からくる食品」地図づくりの活動をしていました。前半二つの内容は、個別にそれぞれのペースに合わせて、そして最後の活動は皆で楽しく学んでいました。途中、担任の先生が子どもたちの様子を見に来て、声をかけていました。
　子どものことについて、支援者と学校の先生方とが声をかわす姿に、子どもも安心して学んでいるのだなあと思います。また、加藤さん方NPOスタッフは、委託事業として時間的・物理的制約がある中、子どもの姿に学び、支援の方法を工夫しています。それを、自身の学びとして意味づけ、やり甲斐を感じていることが伝わってきました。

（齋藤ひろみ）

インタビュー 7

地域発の外国人の子どもたちの支援活動を目指して

河合世津美さん(NPO法人日本語教育ボランティア協会「ジャボラNPO」理事長)

> 河合世津美さんは「ジャボラNPO」を立ち上げ、外国人児童生徒への日本語学習支援活動を行っています。文部科学省の「虹の架け橋」事業(クラッセ「ニジ」)、そして浜松市の委託を受け、「まなぶん」(15校)を運営してきました(平成24(2012)年度)。この他にも、成人外国人対象の日本語教室やボランティア対象の養成事業なども行っていますが、このインタビューでは、子どもたちへの支援活動を中心にお話を伺いました。　　(2012年2月27日インタビュー)

――**クラッセ「ニジ」高丘教室では、どのような子どもたちに支援を行っているのですか。**

　虹の架け橋事業[1]は、文部科学省の委託事業なので、「不就学・不登校の子ども」という対象の枠があるんです。平成21(2009)年からスタートしたのですが、ずっと70名強の子どもたちが通って来ています。多くの子どもたちが、学校教育システムからこぼれ落ちたような状態でここにやってきます。たとえば、ずっと不就学だった子どもが、中学を卒業するぐらいの年齢になってから中学の卒業証書がほしいとやってきたりします。そんな場合は、学校と相談しながらですが、ニジ教室では、日本で生きていくための日本語を教えています。こうした子どもたちを見て来

1　平成21(2009)年度より、文部科学省国際協力企画室が設置した「子ども架け橋基金」による事業である。不就学・自宅待機となっている外国人の子どもに対する日本語等の指導の確保を図り、かれらの公立学校等への円滑な転入を目指して行われた。運用は国際移住機構(IOM)が請け負い、外国人集住地域を中心に、各地で学習支援教室を運営するNPO法人等への委託によって実施された。本事業は平成26年(2014)度をもって終了している。
文部科学省平成26年度行政事業レビュー基金シート「子ども架け橋基金(IOM)」
http://www.mext.go.jp/a_menu/kouritsu/detail/1352318.htm(2015年4月20日アクセス)

て、年齢超過の子どもや就学前の子どもたちの支援が必要だと考えています。

　実は、この事業は平成23（2011）年の12月で一旦事業は終了して、現在は「富士のNPO基金」の助成を受けて継続しているのですが、対象の子どもの枠が取れたし、これから、地域の手作りボランティアの活動を展開できたらと思っています。

──「ニジ」の組織を地域ボランティアとして、再生していくということですか。

　「ニジ」は行政の委託事業ですから、スタッフも給与制で雇用し、運営は安定しています。ただ、事業が終われば教室は引き上げざるを得ない。それでは情けないので、この「ニジ」の活動を引き継ぐ地域のボランティアを立ち上げようと、今、この高丘地域でボランティアを養成する講座を開いています。子どもたちのお父さんやお母さんの中からも「日本語はあまりできないけれど、何かすることはない？」と声が上がっています。浜松市は広いので、それぞれの地区で支援の場を作っていかないといけないし、私たちの組織を大きくするよりは、次の人を育てて、その人に活動を展開してもらうほうがいいと思って、取り組んでいます。

──もう一方の日本語教室支援、「まなぶん」教室の活動は、具体的にはどのように進めているのですか。

　「まなぶん」の活動は、ジャボラでは市の西側の小中学校で行っています。今は25名のスタッフを15校に派遣して進めています。1人が1、2校で活動していますが、コーディネーター2名とリーダー2名を置いて、組織化して進めています。支援の頻度は、週に3回程度で、合計40回と市で決められています。なので、40回の目標を決めてやる必要がありますね。支援としては、学習支援と日本語支援を行っています。学習支援といっても、学校の先生方がなさるような教科指導というよりは、基礎的な力が弱い子どもに、生きていくために必要不可欠なことを教えるという感じです。たとえば、卒業後、社会に出ていくときに役に立つ日本語や、中学生でも抜け落ちている子どもには基礎的な知識としての四則計算等の学習を支援しています。

　日本語指導を担当するスタッフには、日本語の指導案を毎月必ず書いてもらっています。そして、今は、

教材作りに取り組んでいます。既存のテキストも、各地の教育委員会作成の資料もあるのですが、他人が作ったものはうまく使いこなせないので、プリントを渡して書かせて終わりというような指導になりがちですよね。そういう支援はしてほしくないので、自分たちで作って、愛着をもって教材を利用するようにしたいと思っています。それは0から日本語を学ぶ子どもたちの、40回分の支援の教材です。レアリアや絵などを活用して活動をして、プリントは最後に確かめのために利用させます。そして、教材では、子ども自身に4コマ漫画を作成させるようにし、学習が終わるころには1冊の本になるという仕掛けにしています。

——「まなぶん」の活動では、学校の先生方とどのように関係を作っているのですか。

「まなぶん」の1年目は、日本語や学習支援をすればよいと思っていましたが、実はそれだけでは不十分で、学校の先生方との関係を作っていくことが大事だと実感しています。「まなぶん」のスタッフが、一生懸命に教材を作っている姿や、手に負えなかった子どもがその支援を受けて変わっていく様子を見て、学校側が外国人の子どもの教育に関心を高めてくれたり、管理職の方の意識が変わったりするんです。子どもがよくなるためにも学校の先生方に日本語支援について、理解していただくことが重要です。

今、学校の先生方は、学習障害など子どもたちの問題が複雑化していて、日本の子どもだけでもストレスが大きくなっています。だから、外部の私たちのようなボランティアをうまく使ってほしいと強く思うようになりました。ただ、私たちは学校の先生方とは違います。同じ指導はできないことも十分理解しています。またそれぞれの学校の状況や教育方針を理解すること、誤解を生じることの

インタビュー：地域発の外国人の子どもたちの支援活動を目指して

ないよう謙虚な姿勢で支援に臨むようスタッフに言っています。

——**大人を対象とした日本語支援の活動から始められたようですが、子どもの支援を始めたのには何か理由があるのですか。**

　大人の支援を10年ほどやってみて、時間はかかるけれども子どもの支援を行ったほうが地域の意識を変え、地域発の活動になると思うようになりました。平成20（2008）年のリーマンショックで親世代は皆リストラされました。そのとき、厚生労働省の事業として、かれらの就労のための日本語教室を実施しました。かれらはハローワークでお金をもらい、仕事を紹介してもらうためには、日本語の勉強をしなければならなかったんですね。中には、無理矢理勉強させられたと思う人もいました。自分の国で小学校を出ていないのに、日本語を即席で学んで履歴書を書く……どんどんついていけなくなるし意味も見いだせないわけです。これじゃあ、日本人側のお仕着せだと気づきました。

　時代背景もあるので、良し悪しでは片づけられないのですが、やるからには人々が幸せになる方法がいいと思って、いろいろ考えました。そして、親が感じる幸せは、子どもが幸せになることだから、子どもが変わっていくのを見たら親も「ひらがなぐらいは覚えよう」と変わるんじゃないかと思い、子どもの支援に力を入れるようになりました。実際、「ニジ」教室には、「実は中学校を卒業していないんですけれども、何か勉強を教えてくれますか」という問い合わせなどもありました。

——**子どもたちの支援活動をしてきて、感じている課題があれば教えてください。**

　一つ目は、学校の先生方に、日本で生まれ育ったとしても、外国人の子どもたちには日本の子どもとは異なる言語・文化面の課題があることや、かれらが日本社会で生きていくための力をつける教育が必要だということについて、理解を深めてほしいと思っています。特に、自分で考えて行動するための「思考力」を育むような取り組みを期待します。

　二つ目は、浜松市の教育施策についてですが、地域によって住んでいる外国人の方も、親の考え方も、地域状況も違うので、その特徴に応じて、各地域発の活動が展開できるよ

うに進めてほしいと思っています。市として組織的に取り組む体制をつくることも大事ですが、各地域が独自の活動ができるような柔軟性も必要だと思います。

三つ目は、私たちの課題ですが、これから、就学前の子どもと義務教育年齢を超過した子どもたちの支援に取り組めたらと思っています。

●インタビューを終えて

　河合さんは、外国人の子どもたちが日本社会で生きていくことを想定し、かれらとその家族が幸せな暮らしを築くための力をいかに育むかを熱く語られました。そのために、地域の公共性を高め、かれらが住む地域発信の活動を展開すること、そして、学校と地域の支援者とが連携しながら、子どもたちに「思考力」と明日を生きる力としての知識・スキルを育むことに取り組んでいます。外国から来た子どもとその親のライフコースを視野に入れた支援は、河合さんの意図通り、浜松市の地域活性化にも結びつくに違いないと思いました。

(齋藤ひろみ)

インタビュー 8

夢を語り、自立して生きる力を育む場づくりを

秋元ルシナさん（NPO法人アラッセ理事長）*

> アラッセは「グルッポアラッセ」を母体とするNPO法人です。浜松市が平成14（2002）年に開設した不就学児童のための学習教室「カナリーニョ」教室が平成18（2006）年度に解散したことを受け、元指導員たちが子どもたちの居場所を守るという理念のもと、「グルッポアラッセ」を創設しました。ブラジル人当事者が運営の中心であることと、子どもたちの母語・母文化を大切にすることを特徴としています。「虹の架け橋」事業を月曜日から金曜日に運営する「アラッセ未来教室」と、土曜日に希望者に有料で開講する「アラッセ希望教室」の二つの教室があります。理事長の秋元さんにお話を伺いました。
>
> （2012年7月11日インタビュー）

―― アラッセの活動は、どのようなお子さんを対象にしていますか。

　学校へ行けない不就学の子どもや不登校の子どもを対象にして始めましたが、ニーズは多様で、未就学児、高校生の年齢に達している子どもや公立学校に在籍している子どもの放課後支援も行ってきました。不就学児と就学児が触れ合う時間も必要だと考えています。

　子どもたちは一人ひとりの背景が違うので、個々に対応することを大切にしています。子どもたちの中には発達障害が疑われたり、親子関係の問題から不登校になる子どももいます。また、日本の学校にもブラジルの学校にも行かないで義務教育期間を終えるかもしれない子どももいるので、希望をもって現実を見、生き抜く力をつけたいと考えています。

―― そのようなお子さんとの対応で、

---

* 2012年まで在任。

特に配慮していることはどのようなことでしょうか。

子どもたちの居場所作りです。日本語ができない、自己表現ができない、コミュニケーションが取れないなど、いろいろな理由はありますが、あえてプッシュせずに、ゆっくり関わり、学習や様々な活動を通して、少しずつ自信をもたせていきます。

子どもには力があります。その子がもっているものを刺激すれば必ず何かが出てくると考えています。一人ずつ違う、それは"何か"を探しながら丁寧に対応します。

――実際にはどのような方針で指導をされていますか。

日本語指導のほかに、学力をつけるカリキュラムとして、算数、国語の教科学習を中心にしています。子どもの実態に合わせて、毎週、指導計画を見直したり、一人ひとりに適した教材を準備したりしています。同レベルの子どもによるグループ学習では、競争心や協力性が芽生えて効果的でした。学校の教室で見られるような、グループダイナミクスが働く空間になったことに驚いています。

また、自分で生きる力、親から自立する力を育むことも大切なカリキュラムとして考えています。学年相当の学力だけでなく、仕事をして生きるという自覚をもたせたいのです。今年は中学生グループを対象に「私の未来設計図」というプロジェクトを実践しています。『孤独なツバメたち』[1]の映画鑑賞や、地元のスーパーマーケット見学など現実の社会と関わりながら、グループディスカッションを通して「自分」を考えるという内容です。

――アラッセではカウンセリングも実施していると伺いましたが、それはどのように進めていらっしゃいますか。

昨年は、定期的に大学の専門家を招き、グループカウンセリングのワークショップを10回行いました。13歳から16歳の生徒6人が参加して、それぞれに大きな変化が見られました。前半は家族の問題、後半は自分自身や自分の夢について討論していくうち、不安や自信のなさを語りながらも、それらを乗り越え、お互いに勇気づけ合い、高校受験にも合格しま

---

[1] 『孤独なツバメたち』
http://lonelyswallows.com/
浜松とブラジルで生活する日系ブラジル人青年5人の生活を追ったドキュメンタリー映画。

した。その子のできることや心の成長に目を向けた結果でした。はじめは、「夢」が語れず、泣き出してしまうなど、子どもたちはアイデンティティに対する自己肯定感が低くなりがちですが、それを高めることを大切にしました。

――ここで学ぶ子どもたちの姿で印象的なことはどんなことですか。

　先輩の姿をモデルとして学んでいる姿です。たとえば入学したときは作文がやっと書ける程度で定時制に入った生徒がいます。現在は、高校3年生でビジネス文書も書けるようになり、自分の未来を設計していくプランもあります。その生徒が小さい子どもたちに向かって、学ぶことの大切さ、高校のよさを、母語で懇々と話をするのです。コミットメントが強いので、説得力があります。小さい子どもから「あんなお兄さん、お姉さんになりたい」という憧れの対象になっています。

　また、七夕やクリスマス会などを子どもたちが企画し活動している姿もいいですね。願い事を短冊に書いたり、ダンスなどクリスマス会の出し物を考えたりするなど、勉強以外のことでも子どもたちの力が発揮され

ます。手際よく仕切る姿を仲間やスタッフから認められることは、自己評価を高め、自信につながるので、とてもいいことだと思います。

――こちらの教室には、日本人スタッフとバイリンガルスタッフがいらっしゃいますね。そのよさはどんなことでしょう。

　日本人スタッフは教職経験者や海外生活体験者ですので、異文化に対する理解があり学習指導の工夫もできます。それでも、実際の指導や運営において、バイリンガルスタッフと日本人スタッフとの価値観の違いは多々あります。いってみれば、このような多文化共生の現場を晒すことで、スタッフも子どももお互いに「多文化共生」のあるべき姿を学び合うことができます。

　次に学習面では、来日直後とか小学校就学前の児童など、日本語がわからない子どもに対し、最初は母語で安心できる学習環境や人間関係を作り、慣れてきたら徐々に日本人指導員とのチームティーチングへと移行しています。バイリンガル指導員が単なる通訳ではなく、対等な指導力を発揮する、効果的な日本語指導のチームティーチングが研究課題で

す。また、親との連絡はバイリンガルスタッフが行い、親からの信頼を得ています。学校との連絡には日本人スタッフが連絡ノートを活用して、学校の先生と共通理解できるようにしています。

―― 最後に、やりがい、子どもたちへの願いを教えてください。

やはり子どもの成長が見えるときですね。学校だと集団の中の一人になりがちですが、アラッセでは、母語で学習や生活上の悩みを安心して話せるので、スタッフや友だちに支えられ、自ら脱皮して成長していく過程が見られます。自分の夢を語ることばが出てきたとき、可能性が見えてきます。子どもたちには、自分の夢を実現し、自立した大人になり、地位や名誉でなく人間らしい楽しい生活ができるようになってほしいと願っています。

●インタビューを終えて

子どもたち一人ひとりの背景が違うこと、であるからこそ、一人ひとりに合わせて、丁寧な支援を展開していくこと。これは、ことばにすることはできても、実践として行うことは容易ではないはずです。しかしアラッセでは、子どもたちを「主人公」に、支援者も多様性を発揮しながら、活動を作っています。まさに「多文化共生を学び合う場」をつくることにつながっていると思いました。

(池上摩希子)

インタビュー 9
ベトナムのコミュニティと子どもたちの学びの場

山田明(トラン・バン・ミン)さん(静岡県ベトナム人協会)

> トラン・バン・ミンさんは、インドシナ難民として来日し、滋賀県や東京にある難民の受入れセンターを経て、30年ほど前から浜松市で暮らしています。浜松市では、三方原教会を運営しながら、静岡県ベトナム人協会において浜松在住のベトナム人住民の支援活動を続けて来ました。三方原教会は、現在、浜松のベトナム人コミュニティの交流の拠点の一つになっています。3年前には、市の援助を受けて、小中学校に通う子どもたちのために、教会で学習教室「ジュントス」を始めました。トランさん自身は、この他にも、学校の文書の通訳や翻訳の仕事を長年行っているそうですが、インタビューでは、ジュントスの活動を中心にお話を伺いました。
> (2013年2月29日インタビュー)

――浜松には、ベトナム人の住民の方はどのぐらいいるのですか。

私が浜松に来たのは30年ぐらい前です。難民の知人が浜松で仕事をしていて、その人に誘われてきたのですが、その頃は難民の人はたった4人でした。その後、浜松市の商工会等がインドシナ難民に仕事を紹介してくれ、少しずつ増えました。現在(平成24(2012)年)は、浜松市に在住しているベトナム人は1050人ぐらいになりました。そのうちの700名ぐらいは、インドシナ難民とその呼び寄せ家族で、小中高校に通っている子どもたちも130名ぐらいいます。他は、研修生として来ている人が300人程度います。いろんな経緯でベトナムから浜松に来ている人がいますが、この教会は、そうした皆さんの交流の場になっています。

――三方原教会では、ベトナム人の支援として、どのような活動をしてきましたか。

教会の日常的な活動として、皆さんの相談にのっています。その他、北部公民館を借りて、ベトナム人の交流会を行っています。ベトナムの料理を食べたりダンスをしたりして子どもたちに文化を伝えたり、情報提供をしています。今年（平成24（2012）年）も5月にはベトナム人の集いを行いますが、ダンスを踊る予定です。今はその練習をしているのですが、昨日も25人ぐらい集まりました。今度の集いでは、文化的な活動の他に、入管法改正についての説明と、地震への対応方法について情報交換するつもりです。ベトナムの人たちも、テレビなどを見て、地震の恐ろしさをなんとなく感じてはいるのですが、細かな情報は日本語ではうまく入手できないのです。浜松市には、団地の入居等の情報はベトナム語訳が出ているのですが、日常的に必要な情報はベトナム語訳がないので、私たちはベトナム人コミュニティに情報提供したり、共有したりする場をつくるようにしています。

──**子どもたちの学習支援活動「ジュントス」は、どんなきっかけで始めたのですか。**

　平成21（2009）年に、浜松市が、外国の子どもたちへの支援活動を行う教室に経済支援を行うというので、それに応募しました。もともと、保護者から子どもの勉強が心配だ、なんとか支援をという要望が多かったので。

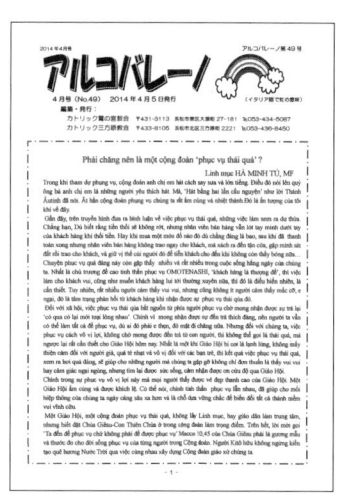

　ジュントスでは、学校での勉強に困難があるベトナム人の子どもたちを集めて、日本語と教科の学習支援活動を行っています。教室では、まずは学校の宿題に取り組ませ、そのあと、計算などのプリントを中心に教えています。

　当初、支援活動に協力してくれたのは、日本人が3人、ベトナム人の保護者が4人でした。日本人の一人は、他の県で小学校教員をしていた方です。家族の都合で浜松に引っ越

インタビュー：ベトナムのコミュニティと子どもたちの学びの場　　225

して来たそうで、ジュントスの先生をしてくれました。保護者で活動に参加してくれた4人は、皆、日本語とベトナム語の2カ国語ができる方です。

——ジュントスの教室には、どんな子どもたちが来ているのですか。

子どもたちは30人ぐらい通って来ていますが、小学生が多く、中学生が5、6人です。受験前に勉強に来る子もいるのですが、この4月には、教室に通っていた子5人が、公立高校に進学することが決まりました。2人が普通科で、3人は定時制高校です。2人は日本生まれだったのですが、1人は中学1年生で、残りの2人は小学校の高学年で来日した生徒です。3年前に、ジュントスに来たときには、挨拶もできなかったのですが、この教室で数学や国語を勉強して、3年間で高等学校に合格できました。私たちは本当に喜んでいます。3人とも、この近くの中学校に通っていたので、安心してジュントスに通っているようでしたし、親も、周囲の生徒にとっても励みになったようです。

ここを卒業した子どもたちに来てもらって、後輩の子どもたちに話をしてもらうことがあります。かれらは、自分の経験をもとに勉強が大事であることを伝えてくれます。

——トランさんは、教会での活動やジュントスの活動以外にも、子どもたちの支援活動を行っていると聞きましたが。

学校の文書の翻訳をしています。以前は、各学校から翻訳の依頼があって、それを訳していました。その頃は、いろんな学校に出かけて、先生方とやりとりしながら訳していました。今は、教育委員会が書類を管理しているので、一括して翻訳の依頼があります。

よく、イベントのお知らせや、「あゆみ」[1]等を訳していますが、イベントの連絡をそのまま訳しても、伝わらないことがあります。私自身も、最初は、何のことか想像できないことが多かったです。たとえば、各学校でイベントの名前が異なっていることもあり、それをそのまま訳しても通じない内容も多いです。ある学校では、「総合的な学習」のことを、「きらきら学習」と呼んでいましたし、活動名もカタカナの固有名が付けられていました。それは、日本で長年生活しているベトナム人でもわ

1　学校の成績通知表

からないと思います。それに、その学校のその先生でないとわからないことも多いです。ですので、先生に尋ねて、説明を加えて訳しています。「あゆみ」も、説明を加えた訳をつけるようにしています。

　他には、弁護士の接見の通訳や警察の通訳等も行うことがあるのですが、最近は減ってきています。たぶん、ベトナム人も日本の生活に慣れ、法律を理解するようになったからだと思います。それと、最近は、日本にいるベトナム人との結婚のために来日するベトナム人女性がいるので、その人たちのための日本語教室を開く予定です。

――長年子どもたちの様子を見てきて、最近の子どもたちのことで心配なことはありますか。

　最近は、ベトナム語ができない子どもが少なくないので心配しています。家庭ではベトナム語で生活しているのですが、それでも、ベトナム語があまりできないし、日本語もよくできない子どももいます。子どもは日本語で親はベトナム語で話していて、ことばがめちゃくちゃになってしまい、親とコミュニケーションを取るのが難しいようです。もちろん、家庭によってベトナム語をしっかり教えている家もあるのですが。そうではない家では、ベトナム語ができなくなってしまっているようです。

　浜松市には「まつっこ」という母国語教室があって、私は、そのベトナム語教室の支援活動にも関わっています。ただ、週に2回だけなので、表面的な力しかつけられないと思います。やはり、大事なのは家庭での教育だと思います。

――ベトナムの保護者の方は、お子さんのことで、どんな心配をしてい

るのでしょうか。

　このごろのベトナム人の保護者は、日本では高校、できれば大学に行かせたいと思っています。ただ、自分では計算ぐらいは教えられても他の勉強が教えられないので困っています。それに、中学校の先生から高校の資料をもらっても、理解できないようです。以前は、読めないときは、教えてほしいと、この教会に来る保護者が多かったですが、最近は、保護者同士で情報交換をするようになってきています。今日は中学校の卒業式だったのですが、今朝、ある保護者から卒業式のことを教えてほしいと問い合わせがありました。私も、よくわからなかったのですが、その後、保護者同士で連絡し合って解決できたようです。保護者も、徐々に日本の生活に慣れ、自分たちで解決する力をつけているようで嬉しく思います。

——トランさん世代と最近来るベトナムの若者との間で、文化的ギャップを感じることがありますか。

　そうですね、ことばも違いますし、ベトナムの歴史を知らないようです。私たちの世代は、たとえばベトナムの国旗といっても、現在のベトナム共和国の国旗を見ると、特別な感情が湧きますが、それは若者には、理解してもらいにくいようです。昨日もロータリークラブのイベントで、現在のベトナムの国旗が飾ってあったのですが、保護者はきっとあまり良い気持ちではないだろうなあとは思いました。でも、今後は、次の世代に、このような活動を引き継ぎたいと思っています。

●インタビューを終えて

　浜松で、この30年間に、ベトナムの方々がどのように生活を築いてきたのかがお話から想像されました。その最初の世代として、後進をサポートしてきたトランさんの存在と活動の意味の大きさを改めて感じます。そして、三方原教会が情報を提供し、人と人をつなぐ場となり、社会的資源の核となって、人々の営みを支えてきたことが伝わってきましたし、次の世代が育ち、その活動が受け継がれていくことを期待したいと思います。

（齋藤ひろみ）

インタビュー 10 フィリピンにつながる いろいろな人に居場所を

中村グレイスさん(「フィリピノナガイサ」代表)

> 浜松と言えば日系ブラジル人、というイメージが強いのですが、近年、フィリピンにつながる住民も増えています。「フィリピノナガイサ」の代表である中村グレイスさんは、日本人の配偶者をもち、3人のお子さんの母親として日本で生活しながら、同じ立場の家族や子どもたちをサポートしています。ナガイサはタガログ語で「ひとつになる」という意味で、"仲間といっしょにがんばろう"という気持ちが込められています。「ナガイサ」の活動を中心に、グレイスさんのお話を伺いました。
> （2012年3月10日インタビュー）

——まず、グレイスさんがどんな思いでナガイサの活動を始め、続けているのかを教えていただけますか。

　フィリピンにつながる子どもたちに、母語はもちろん、自分の文化を大事にしてほしくて始めました。小さい子は母語より日本語のほうができるようになります。ここでは、土曜日にタガログ語やビサヤ語を使って活動をしています。

　人によっていろいろですが、フィリピンのお母さんたちで日本語の読み書きが大変だと、たとえば、学校からのプリントなどを理解するのに困ります。お母さんたちは、平成20(2008)年頃から増えたかな。最近ではお知らせの翻訳もいろいろありますが、その前はなくて大変でした。お母さんたちが中心になってグループを作ったのが平成6(1994)年でした。

——活動を始めたころと最近では、変わったことはありますか。

　最近では、お母さんたちに加えて子どもたち、男の人、それからサポートする日本人など、いろいろな人が参加しています。今日は土曜日だから、ボランティアの人も多いで

しょう？ 大学生とか、学校の先生をしていた人とか、全部で40人ぐらいかな、松本さんがコーディネートしてくれています。日本語教室やタガログ語教室、学習支援もやっています。それから、「青少年のための日本語教室」といって、16歳から20歳ぐらいで日本の高校に行きたい、という子の支援もしています。学齢を過ぎた青年たちへの支援です。日本に来て間もなくて、日本語の力があまり身に付いていない場合でも、進学したい子たちがいます。そういう子たちにはまず、情報を流さなければいけないですね。ここにはいろいろな学校から子どもたちが集まってきます。定時制高校にも昼の高校にも進学しています。少し前までは入試は3科目で良かったのですが、今は5科目必要です。

——運営で大変なことはどんなことでしょうか。

　浜松にはここ以外にもフィリピン人が多い地区があるので、そっちでも活動をやりたいのですけれど、予算の面でなかなか難しいです。財政面も含めてのサポートがほしいです。大人は文化庁の予算で、県は「青少年のための日本語教室」、市には小学校、中学校の子どもたち対象の母語支援の活動にサポートをもらっています。もちろん、ボランティアの力も借りています。それでも、広げるのは大変ですね。

　でも、大変なことだけではなくて、嬉しいこともありますよ。「ナガイサ」が居場所になっているのかな、と思います。小さい子でタガログ語が変になってきた、ということもあります。でも、ここでは「タガログ語で何だっけ？」と子ども同士で教え合えるんです。来たばかりの子は、タガログ語で話すことで発散できます。また、ここで勉強して育った高校生が手伝いに来てくれたりもしています。

——「ナガイサ」がいい「場」になっているんですね。これから、どんな活動にしていきたいですか。

浜松で生活するフィリピン人が自立していけるように、また、日本人の住民とお互いに理解を深められるようにしたいです。子どもたちのためには、仕事があって、安定した生活が送れるような地域にしたいと思っています。

●インタビューを終えて

　インタビューは活動日である土曜日に、活動している場所にお邪魔して行いました。子どもたちのにぎやかな声、それをにこにこしながら見て、声をかけているグレイスさん。また、ボランティアとして参加している大学生や地域の人たちの姿も見られ、みんなでいっしょに、というコンセプトが伝わってきました。母語を大切に、そして、地域で自立して生きていく、この二つが支援の要となっていると感じました。なお、「フィリピノナガイサ」は平成24(2012)年6月にNPO法人となりました。詳しくはホームページをご参照ください。　　（池上摩希子）

インタビュー 11

ポルトガル語でつなぐ「人」と「未来」

齊藤ナイルさん（浜松市教育委員会 外国人児童生徒相談員）

> 日系ブラジル人としてブラジルから来日し、ポルトガル語を使って様々な支援をしている齊藤ナイルさんにお話を伺いました。ご家族についてのお話も伺うことができ、生き方に「枠」を設けない、存在がそのまま「多文化共生」であるような印象を受けました。　　　　　　　　　　　（2012年3月10日インタビュー）

――現在、どんなお仕事をしていらっしゃいますか。始められたきっかけは何だったのでしょう。

　相談員として教育委員会にいて、事務所に来所した保護者の通訳をしたり、相談を受けたりしています。翻訳もします。今は時期的に通信簿の所見を翻訳する仕事が多くあります。学校へ行って、三者面談の通訳などもします。自分の意識としては、「ことばでつなぐ、橋渡しをする」といったものですね。直接、子どもに接するのが好きです。

　始めたきっかけは、自分が学校に入ったときのボランティア活動です。当時、平成10（1998）年でしたか、お知らせの翻訳をしました。翌年、静岡県の非常勤職員として瑞穂小で6年間勤めました。その後、雇用対策の枠で市の外国人児童生徒支援員になり、砂丘小で2年、瑞穂小で3年やったのですが、5年という期限がある仕事でしたので、そこで一旦職を去りました。でも、幸せなことに1年半後また仕事に戻れました。

――このお仕事がお好きなんですね。大変なことも多いと思うのですが。

　大変？そう思ったことは、ないです。現場のほうが自分に合っていると思いますし、小学校や中学校で見ていた子どもたちが成長して、高校や大学へ行くのは嬉しいですよ。4年生の終わりに編入してきて、毎日、お昼に勉強を習いに来ていた子がい

て、その子が今年、浜松の市立高校の国際コースに合格したんですよ。そうした子どもたちとは、同じ地元にいるから、どこかでばったり会ったりしますね、わざわざ会いに来なくても。これまで、自分は子どもと一緒に勉強できたなあと思います。TT（チームティーチング）に入っても、先生から「技を盗む」みたいなこともやっていました。

——ナイルさんのお子さんは、日本でどんなふうに成長されたのですか。お子さんのポルトガル語はどうでしょうか。

２人の子どもはすっかり日本語ですね。上の子はポルトガル語を聞いて少しわかる程度です。子どもがポルトガル語を話さないのはさびしくはないかと聞かれると、うーん、そうですね、親が「子どもには一つのことばをしっかりと」というふうに選択をした結果ですから。その子にポルトガル語が必要なら、本人が大人になってからでも勉強はできます。浜松の他の子どもたちに関しては、ケースバイケースでしょうね。

下の子は、自分はブラジルとは関係ない、なんて言っていましたが、実はブラジルのファーストネームがあるんです。少年団で先生に「それ、かっこいいじゃないか」と言われて、それ以来、使っています。ブラジルはサッカーのワールドカップで優勝したりもしましたけれど、息子は周りの他の子たちがいい加減でいやだ、なんて言っていました。その当時は、今ほど定住化が進んでいなかったこともあったんでしょう。

——ご自身は日本に定住することを決めていらしたんですか。

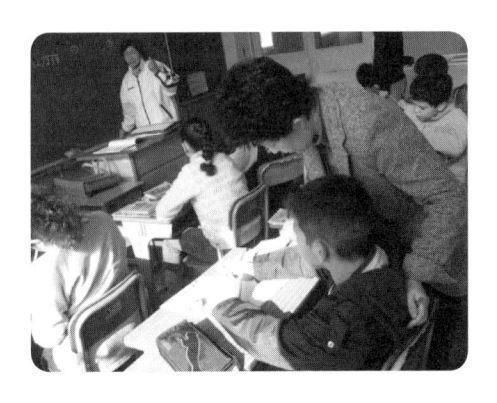

4年ぐらいで帰ろうかなと思っていました。でも、子どもも学校に馴染んできたしと考え直しました。今、日本にいる皆さんは両方の道を取れるようにしてあります。それはある意味、中途半端なんです。私たちはブラジルに帰ってゼロからとなるより、ここで積み上げようと思いました。ブラジルに帰っても、家も売って来たわけだし、何もない。だから、強くなったと思います、ここでがんばるしかないでしょう。そのくらいしないとだめなんです。本当にこれで良かったのかなと思うこともありましたよ、特に困難に出会うとね。でも、今はこれで良かったと思っています。

――どのような困難だったのでしょうか。

　上の子は中学卒業後、1年浪人したんですよ。日本の人はなんとかして、どこか高校に入れよう、入ろうと思いますよね。でも、長女は親の想いもあってそれに応えようとして「この高校に」と決めていました。私立には行かないと決めて、高校受験は単願だった。中学校の先生も話しに来てくれたんですが、その頃は中3で浪人することがどんなに大変か知りませんでした。次、受ければいいと思っていました。ところが、勉強させようと思っても、学習塾は現役中学生しか受け入れない、ここがまず壁になりました。結論として、近くの大学の大学院生に週2回、1年間、家庭教師を頼みました。子どもには自分で勉強の予定を立てなさい、と言いました。中学校の先生もフォローしてくれて、2回目で合格しました。年子の弟と同じ年の合格になりました。その後、姉弟一緒に高校を卒業して、大学へは弟が先に入ったり、留年したり就職が決まったのにまた大学へ行ったり。やりたいことがあるのでと相談はされましたね。やりたいことをするんだから、まあ、仕方ないかな。翌年、上の子も無事大学進学しました。

――子どもたちの将来に教育がどのように関われるかは大事なことですね。

　そうですね。浜松としては、いろいろな人が支援をしています。そのいろいろな人をどう使うかが浜松の課題でしょうね。バイリンガル教員の養成もして、増やしてほしいと思います。子どもたちのためにも。

●インタビューを終えて
　ナイルさんが最初に学校に入った経緯を少し詳しく伺ってみました。その学校で取り出しを担当していたバイリンガルの講師が帰国した関係で、学校側が県に依頼し、ナイルさんをバイリンガル教員として採用できたのだそうです。きっと、学校や先生方との間にしっかりとした信頼関係を積み上げていたのでしょう。仕事の話の中でも「まず、自分の周囲のことを知らないと」「社会勉強ですから」といったことばが何度も聞かれました。ナイルさんのお話は、ご自身の体験全てを学びとしているように感じられました。そして、ナイルさんが子どもたちの支援にあたるときも、この姿勢がベースになっているのだと思いました。

（池上摩希子）

インタビュー 12

社会人としての経験を、外国人の子どもたちの支援活動に生かす

北島勇一さん(「外国人子どもサポーターズクラブ(KSC)」代表)*

> 外国人子どもサポーターズクラブ(KSC)は、平成21(2009)年4月に設立されたボランティア団体です。メンバーの構成は、浜松国際交流協会主催の「外国人子ども学習支援ボランティア講座」の修了者が中心となっています。活動は、学校に通う外国人の子どもたちの学習支援を目的として、浜松市内の学校で活動をしています。代表の北島勇一さんに、KSCの活動内容についてお話を伺いました。
> （2012年7月10日インタビュー）

――KSCでは、どこで活動しているのですか。また、参加しているのはどんな子どもたちですか。

KSCは、現在、浜松市の佐鳴台小学校、瑞穂小学校、城北小学校、南の星小学校の、4校で、子どもたちに教科学習の支援をしています。私たちKSCから、学校に場所と時間を提供してほしいとお願いして実現しました。

地域差はありますが4校とも、全体としてブラジルからの子どもたちが多く、中国、フィリピンの子どもたちもいます。参加している子どもたちの数は、学校によって違うのですが、5人から37人ぐらいです。学年では1年生から6年生までですが、3年生が多いですかねえ。子どもたちには、学校の先生方を通してKSCの活動への参加の案内をしています。参加を希望している場合は、保護者の方から申し込みをしてもらっています。教室には、来日直後の子どもも少しいますが、多くは、おしゃべりは大体できるけれども、家に帰っても宿題ができないことが困っているという子どもたちです。

――支援活動に参加しているスタッ

---

* 2012年度代表

フですが、皆さん、国際交流協会の研修を受けて勉強をされた方だと伺いましたが。

　はい、私も研修を受けて、日本語教育について学びました。他のスタッフは、皆、浜松市国際交流協会のボランティア養成講座を受講した方です。それを、KSC入会の条件にしています。おかげで、基本的な点では共通の知識をもっているので、話が通りやすいです。

　現在は、それぞれの学校に、子どもたちの数に応じて、15人、11人、9人、1人で運営しています。どの学校に行くかについては、スタッフの希望や、通いやすさなどの点から決めました。

　スタッフは多くが「がんばろうねと励まして誉めてあげたい」という気持ちで関わってくださる方なので、熱心です。子どもたちへの学習支援について、スタッフからは、「あいさつ等、しつけにも気を配りたい。楽しく勉強できるように心がけた」といった声も聞こえてきます。

―― では、北島さんご自身は、どんなことがきっかけで外国人の子どものボランティアを始めようと思われたのですか。

　私自身も、タイに2度駐在した経験があります。その関係から、タイから来日する研修生のお世話をする仕事をしていました。そのときに、日本語指導から生活面まで様々な点でのサポートが必要でした。日本語面では、研修生の寮に朝早く迎えにいって、勤務時刻前の時間を活用して日本語を教えました。研修生のニーズに合わせて、日常会話に必要な会話200例を作成して教えたり、仕事で必要な語彙や表現を指導したりしました。そこを退職した後、国際交流協会の研修の前に、「ムンド・デ・アレグリア」のボランティア講座や日本語学校の日本語教師養成講座等でも学びました。そうした活動をしているときに出会った仲間からの紹介で、平成22(2010)年1月に、KSCに参加することにしました。

　タイでの経験や、タイからの研修生の受入れ時に学んだことが、KSCの活動で異文化理解という点で、役に立っています。平成24(2012)年度は、KSCの代表として、活動しています。

―― では、北島さんは、小学校で、どのように学習支援をされているのですか。

私は、佐鳴台小学校では放課後学習支援を行い、城北小学校では午前中に学習支援を行っています。どちらもマンツーマンで支援をしますが、内容や支援方法は学校によって違います。

　佐鳴台小学校では、放課後学習支援ですが、基本的には、子どもたちが書き取り、本読み、計算がきちんとできるようになることを目標として支援をしています。なので、支援している側には、日本語の文法知識よりも、「教科内容をどう教えるか」「子どもとうまくコミュニケーションが取れて、勉強に向かわせられるか」が大切になります。

　城北小学校の学習支援は、授業をしている時間帯なのですが、マンツーマンでの取り出し指導をしたり、在籍学級へ入り込んで支援したりしています。取り出し指導では、在籍学級担任の意向に応じ、在籍学級の学習進度に合わせて、主に本読みや書き取り、作文を教えています。

――子どもたちに支援をしていて、印象に残っていることがあればご紹介いただけますか。

　どちらの学校でも、一人ひとり違うので、その子どもがどういう子なのかをよく観察して、対応の仕方や教え方を考えながら活動していますが、本当にいろんな子どもがいます。

　放課後支援の教室でのことですが、「勉強はやりたくない」の一点張りで、寝転んでしまう子どもがいました。いきなり課題をさせようとしても放り投げてしまうとわかったので、その子に、個人的な事柄について問いかけてみました。「大きくなったら何になりたい」「ずっと日本にいるの」「休みの日は何をしているの」というように。すると、その子は「警察官になりたい」「中学だけでなく高校も日本の学校に行きたい」「休みの日は教会に行ってお祈りをする」「家族でレストランにも行った」などと話し始め、自分のことを話し終えると、少しずつ勉強に取り組み始めました。自分のことに関心をもち、親身になって聞いてくれる人の存在に安心したのだろうと思います。

　中には、私に話を聞いてほしくて、おしゃべりが止まらない子もいます。そういうときはこちらで方向を変えて勉強に入れるようにします。子どもたちの行動面の問題は、自分に注目してほしいという気持ちの表れなのだと思います。一対一で関われるこ

とが、この放課後学習支援の強みだと思います。

――**子どもたちが心を開き、学習への意欲をもつという点で、皆さんの存在は非常に大きなものなのですね。学習の内容理解という点ではどうですか。**

マンツーマンですと、その子に合わせた指導にも工夫ができます。あるとき、字の間違いを指摘され、それが癪に障り、怒ってしまう子どもがいました。そこで、私は黒板に大きく字を書き、「さあ、同じように黒板に書いてみて」と声をかけると、その子は、黒板に大きく、正しい字を書きました。ノートには嫌がっていたのに、黒板だと書いたのです。どこに書かせるかを工夫することで、子どもの気持ちが切り変わったのです。

また、別の子どもの例ですが、小さなことでも、とにかく誉めました。初めはプライドが高く横を向いてやらない子どもでしたが、十のうち四つできれば「すごい」と誉めました。宿題をしてきたら誉め、挨拶をしたら誉めと、誉めるところを見つけては、一呼吸おいてその子を誉めるようにしました。

また、算数の文章題や数直線が苦手な子どもには、具体物の絵を並べて描いて見せました。すると、それまでたし算かひき算かわからなかった子どもが、「なあんだひき算か」と立式できました。その子どもは、日本語の言い回しや数直線で混乱はしていましたが、文章題の場面を具体物で示すことで「たし算か、ひき算か」の判断はできたのです。

――**日本語での読み書きなどの指導は、どのような工夫をなさっているのですか。**

日記のような課題が出されたときは、何をどのように表現するかは難しいので、子どもとのやりとりを大切にしました。キーワードを私がホワイトボードに書き、子どもにそこに絵を描き加えて、何を書きたいのかを表現させます。そこで初めて「さあ、

準備ができた、文を書きなさい」と指示を出します。具体的にイメージができた後なので、子どもは文を書くことができるのです。

また、総合的な学習で「お店探検」の活動があったのですが、そのときには、事前指導をしました。まず、どの道をどう行けばいいのかわかっていなかったので、地図をかいたり、方向を体で示したりして、目的のお店への行き方を確認しました。お店の人への質問については、お店について知りたいと思うことを挙げさせ、それを日本語でどう質問すればいいかを教えました。「お店探検」では、どのような情報を得るかが鍵となります。その活動のねらいは何か、活動意欲を掻き立てるような支援はどうしたらよいか等を考え、子どもを見ながら、試行錯誤しながらできることを精いっぱいやりました。その甲斐あって、実際の「お店探検」では、他の子どもたちと一緒にお店に到着し、聞きたかったことをお店の方に質問して、調べることができたそうです。

——KSCの活動で、何か課題だと感じていることがありますか。

一人の子どもに対して多くの支援者が関わることが多いのですが、時には、7、8人の支援者が一人の子どもに関わることもあります。そのような場合、ボランティア同士の連絡会で話し合ったり、指導記録を共有したりして、支援者個々の気づきや情報を交換しています。しかし、その子どもにとっては、何に重点を置いて指導することがいいのか、どの内容に焦点化して教えるのがよいのか等については、あいまいなまま、各自の判断で支援をしています。この点は、やはり、学校にリーダーシップを取ってもらい、それぞれの子どもの目標を設定し、指導計画を作成していただけると、私たちは、それに基づいて支援ができると思います。そうすれば、今より効果的に支援ができるようになると思います。

私個人は、このKSCの活動の他にも、他の団体にも所属して、中学生で編入した外国人の子どもの受験対策にも随分関わってきました。その子どもたちとの関わりでは、非常に考えさせられました。持ち物一つにしても、習慣や考え方、文化が違うために規則が守れていなかった生徒がいました。その外国人の生徒だけでなく、日本人の先生や子どもも、お互いにその違いが理解できないた

めにトラブルになっていました。小学校の子どもの支援ではあまり気にならないことも、非常に大きな問題だと感じます。そうして、苦労が大きかった分、生徒たちの成長の手ごたえも大きいのですが。今後は、中学校での支援を視野に入れて、KSCが小学校の子どもたちにどのような支援を行っていくかを考えることが重要な課題になると思います。

●インタビューを終えて

　北島さんが、自分とは異なる言語文化社会であるタイで生活し、海外から来た研修生への日本語を教えたご経験を、現在のKSCでの子どもへの学習支援活動に存分に生かされているということがよくわかりました。子どもたちに、「私が君たちのことを見ているよ」とメッセージを投げかけ、「わからない」ことの苦しさを共感的に捉えて学習支援をされています。また、北島さんのもつ豊かな社会性が、子どもたちの社会に向ける目や、将来の進む方向に、広がりをもたらしているに違いないと思いました。　　　　　　　　　（近田由紀子）

インタビュー 13

グローバル人材の育成と子どもたちの支援

堀永乃(ひさの)さん(浜松国際交流協会・一般社団法人グローバル人財サポート浜松)

> 堀永乃さんは、平成24(2012)年度までは浜松国際交流協会のスタッフとして、地域のボランティアやコーディネーターの研修会などを数多く企画・実施してきました。一般社団法人グローバル人財サポート浜松の立ち上げ・運営にも関わり、外国人住民を対象としたヘルパー資格取得のための教室運営や教材開発を行っています。また、子どもの支援活動としては、平成17(2005)年より、春休みなどを利用して、小学校入学前の子どもたちのための「ぴよぴよクラス」を学生ボランティアと一緒に展開しています。インタビューでは、「ぴよぴよクラス」と「グローバル人財サポート浜松」の活動内容、そして地域の支援活動を見て感じていることについて語ってもらいました。　　　　　(2012年2月27日インタビュー)

―「ぴよぴよクラス」は、いつごろからどのようにして始めたのですか。

「ぴよぴよクラス」は、平成17(2005)年から始めました。当初は、国際交流協会から、そして、現在は子どもゆめ基金等から補助金や助成金をいただいています。始めたきっかけは、当時、ブラジル人の子どもたちの多くが無認可託児所にいることを知ったからです。団地の一室に大人に預けられた子どもたちが集められていました。確かに、団地を巡ると、幼児教育・保育を受けていない子どもたちが目につきました。その子どもたちは、日本の社会をほとんど知らないまま小学校に入学します。そこで初めて、日本語と日本の教育文化に接するわけです。本人も戸惑いますが、それ以上に、親と先生が困るようです。それで、まず遠州浜小学校(現、南の星小学校)区で、祖父母のもとで赤ちゃんのように過ごしていた子どもを集めて、クラスを始めました。1年目は、教育長を通して、

遠州浜小学校の校長先生につないでもらって実施しました。教室は、学校の空き教室か、小学1年生の教室を借りています。当初は静岡大学、浜松学院大学の学生たちが、今では静岡文化芸術大学を含む3大学の大学生ボランティアが中心になって、活動をしています。

朝9時から3時までのプログラムを作って、春休みに3日間の集中のクラスにしました。プログラムの内容は、挨拶の練習や名札作り、学校探検に学校クイズ、文房具を使う体験や鉛筆で絵を描く練習、そしてグループ作業や掃除などを、学習活動として組み込みました。冷たい牛乳や和食が初めての子どももいるため、プログラムには給食もあり、お箸の持ち方を学びます。また、登下校では自宅から通学路を学生たちが手をつないで歩き、交通ルールも学びます。

――「ぴよぴよクラス」に子どもを参加させた親御さんからは、どのような声が聞こえてきますか。

それが、その活動の意義に関する評価は、親によって大分異なります。教育への意識の高い親は子どもをクラスによこしますけれども、「必要ない！」と話も聞いてくれない親もいます…。もちろん、幼児なので、送り迎えがない場合は難しいですし、参加したくても参加できないという保護者もいました。今は、遠州鉄道に企業の社会貢献という形で、南北の地区に、それぞれ送迎バスを走らせてもらっています。

――「ぴよぴよクラス」の話を伺うと、地域の学校や社会で、外国人住民の子どもたちの教育という課題の大きさに対する認識が広まっているという感じがしますが、堀さんはどう感じていらっしゃいますか。

そうですね。学校の先生方とお話していても、そう感じます。最近は、

「ぴよぴよクラス」には日本人の子どもたちにも、同じように機会を与えてほしいという先生の声も聞こえてきます。その一方で、外国人の子どもに対する日本語の学習支援の方法については、私たちボランティアも含めて検討が必要だと感じています。たとえばですが、算数の九九の勉強をさせていて、子どもが間違って答えると「16でいいの？」と尋ね直す。すると子どもが「じゃあ、17？」と答える。それに「ううん違う」と応じれば、当然、子どもは「じゃあ18！」と来ます。それに対して「そう、18」などとやりとりしてしまう。それでは、単に、九九のプリントを埋めるだけで、何の学習にもなっていません。そうではなく、子どもたちが今日学んだことを「何勉強したの？ 教えて」と聞き出したり、再度言い直したりしつつ、「そうか、知らなかった！おもしろいね」と声をかけ、子どもたちに学ぶことの喜びや価値を感じさせるような支援が大事なのではないでしょうか。ボランティアだからいいというものではなく、支援する側にも学ぶことの意識が必要だと思っています。きっと、学校の先生方は、このような子どもへの対応については、豊かな経験をおもちのはずなので、それを、外国の子どもの日本語支援や教科支援でも、そして、地域の支援教室にも広めてほしいと思っています。

――「グローバル人財サポート浜松」を立ち上げられたわけですが、その活動を始めようと考えられた、理由は何ですか。何かきっかけがあるのでしょうか。

　文化庁の「「生活者としての外国人」のための日本語教育事業」を受託して、「バイリンガル養成」を行ったのですが、その講座を通して、外国人の先輩―後輩といった関係や、外国人―日本人という関係から、徐々に互助的な関係が生まれたんで

すね。そのことがとても嬉しかったし、バイリンガル人材の育成という本来の目的以上に、大きな成果だと感じました。一方で、かれらがバイリンガルであることを力にして安定的で、社会的な役割を意識できる仕事を得られるかというと、実際には難しいです。外国人住民が地域の社会システムの中に入り込んでいくには、職業的なスキルをもつ人材として送り出すことが必要だと強く感じて。

　子どもの支援に関わっているボランティアの方の話を聞いても、実際に子どもと接してみても、家庭の経済的な安定や社会に対する意識が、子どもたちが不安なく勉強したり学校に通ったりできるかどうかということに関係があると思います。親が社会との関わりをもつということが、子どもにとっても大きな意味をもつのです。子どもたちの学習保障という点からも、親がその地域で社会の一員として生きられるようにすることが大事だと思っています。

——長年、浜松で地域の外国人住民の支援や支援者支援・人材育成に関わってきて、感じていることがあれば教えてください。

　こうした活動への入り口は、「私もお役に立ちたい」という気持ちだったと思います。それには、日本語の知識とスキルを教えて…と。でも、それではだめだと最近は思っています。外国人住民と日本人の人が、互いに地域社会の一員として関係を築けるようにする必要がありますし、そのための支援であるべきなんです。それには、支援をする側も、自分の地域での役割や職業上の専門性などを生かして、外国人住民と関わり、かれらを社会参画に導くような支援内容・方法に変えていかなきゃならないんです。「餅は餅屋」といいますか…。

——今後、どのような面で、外国人住民の社会参画をサポートしたいとお考えですか。

　私は、たぶん「つなぐ」のが役割だろうと思います。様々な活動を始めて、それを継続的に動かしていくには、やはり、資金も必要ですし、社会的に認知してもらうことも重要です。直接は関われないが意義はわかる、お金なら少し出せる、場所は提供できるというような企業や個人は少なくないと思います。その「気持ち」を掘り当てて、それを地域の多文化共生のための活動につなぐこ

とが、私の「餅は餅屋」としての使命だと思っています。それと、私自身も変わってきましたが、ボランティア等の活動に参加する皆さんも、長年地道に活動をしながら成長していると感じます。そうして浜松全体が多文化共生に向けて変わっていくだろうし、それを皆で共有したいと思います。

●インタビューを終えて

　堀さんのお話を伺い、地域の社会的、経済的な動きの中に、子どもたちの支援を組み込むことの重要性を改めて感じます。そして、そのためには、親と子の両方を視野に入れた支援活動が必要だという、堀さんの熱い語りに、家族ぐるみの支援が大事だと改めて気づかされます。堀さん方の活動は、一方向的な支援ではなく相互の支援であることが目指されています。「外国人住民とその支援に関わる日本人側が共に社会参画するために」社会変革を模索し、その信念に基づき行動する強い意志が、こうした活動を支えています。

（齋藤ひろみ）

インタビュー 14 地域社会とつながり、地域社会をつなぐ大学の役割

池上重弘さん（静岡文化芸術大学 教授）

> 静岡文化芸術大学の池上重弘先生は、ご専門の研究業績もさることながら、社会的活動においても数々の重責を担っています。外国人集住都市会議アドバイザー、総務省多文化共生の推進に関する研究会構成員、静岡県多文化共生審議会委員、浜松市外国人子ども支援協議会長等、地域のみならず全国の多文化共生に向けて貢献されています。また同大学の学生が企画運営の主体となって地域の小中学生と関わる実践的活動にもご尽力されています。インタビューでは、外国人の子どもに関する学生の実践的活動の内容と、今後の浜松の外国人児童生徒教育についてのお考えを語っていただきました。　　　　　（2012年4月10日インタビュー）

――外国人の子どもに関わる学生の実践的活動には、どのようなものがありますか。

就学前学校適応支援「ぴよぴよクラス」は、本学の学生だけでなく浜松学院大学、静岡大学の学生たちが中心となって行っています。このクラスの発足当時は、浜松国際交流協会のスタッフが企画運営の中心を担い、大学生はボランティアとして参加する程度でした。しかし平成23(2011)年3月のクラスから大学生が企画運営

の主体となって活動しています。

　また本学では体験学習支援として「多文化共生ワークショップ」を外国人児童在籍数が市内で一番多い小学校と外国人児童が一人も在籍しない小学校2校で2回ずつ計4回実施しました。国際文化学科学生有志で実行委員会を組織し、1年生から4年生までの学生20人ほどで実践しました。ワークショップの内容は「あいさつゲーム」「すごろくトーク」です。そもそもこのプロジェクトも学生のアイディアがきっかけとなって企画されたものです。学生による継続的な活動としては、平成23（2011）年から磐田市学習支援プロジェクトで中学生の支援を行っており、平成24（2012）年2月からは浜松市立南部中学校でも学習支援を始めました。大学院生がリーダーとなっています。

——どの活動においても学生主体というスタンスが確立されていますが、そのねらいと成果を教えていただけますか。

　静岡文化芸術大学には「実務型の人材を養成する大学」「社会に貢献する大学」という二つの理念があります。この理念を学生が体現できるような活動機会として、先にご紹介したような活動があります。実践を通じた活動は、学生にとって新たな課題の発見や、アイディアの創造をもたらしています。

　「ぴよぴよクラス」においては、学生が外国人児童をとりまく環境を具体的に詳しく知る機会になると同時に、子どもたちと年が近いからこそできる地域社会貢献の機会となっています。「多文化共生ワークショップ」は、学生が教室で学んだことを地域に還元することにより、小学校と大学との間で持続的な協力関係を築いていこうとするプロジェクトです。これは、知識と実践を結びつける絶好の機会となりました。ステレオタイプ的見方でなく、子どもたちに専門用語を用いることなく、小さな違いに気づき認めてもらうにはどうすればよいか、学生自身が考えました。実際に、子どもたちは学生が示したことを素直に受け入れました。おもしろいことに、外国人児童在籍数の多い学校では多様性に日常的に接しているため、世界に様々なことばがあることは普通のことで外国人は仲間という意識が強く、むしろ日本人の中の日常生活における差異・小さな異文化に気づいていく傾向があるという発見があったそうです。

――このような学生の主体的な学びのために、先生はどのような働きかけをしていらっしゃいますか。

　リーダーとなる学生をがっちりつかみ、後は学生に任せます。学生に任せることで、学びが深まるのです。具体的な例を挙げて紹介します。私の文化人類学の授業では、年度当初、学生がプレゼンテーションを行います。その内容は多様ですが、外国人児童生徒支援も含まれます。学生に情報を提供するためのチャンス、場を与えるのです。授業では情報提供をするにとどめ、活動そのものの説明会は課外で行うという、2段階に分けています。1段階だけでは聞いている学生にためらいがあるのですが、2段階目の説明会ではより詳しく具体的な話が聞けるので、有効な方法です。説明会の後、コアとなる学生で実行委員会を作り企画運営をしていきます。

　私は、大きなコンセプトを提示した上で、場と資金を確保するのみです。学生たちに任せることでかれらにスポットライトの光を当てるようなマネージメントになっていくのです。

――最後に今後の浜松の外国人児童生徒教育についてのお考えを教えていただけますか。

　当事者の関与が重要だと考えています。そのため、外国人児童生徒の学習支援に携わる市内のNPOやボランティア団体、教員などで課題を共有するフォーラム[1]を設置します。各団体の結びつきを深め、外国人の

1　「多文化子ども教育フォーラム」
http://wwwt.suac.ac.jp/~ikegami/fice00.html
　平成24(2012)年6月に第1回が開かれ、平成26(2014)年12月の回で第9回を数えた。

子どもの教育の向上につなげたいと考えています。フォーラムでは、グループ討論で本音を出し合ったり、専門家や他の先進市担当者らを招いて浜松の課題を検討したりして、課題を提言にまとめていく予定です。浜松市教育長からも「大学のネットワークで支援現場の声が集まれば外国人の子どもの教育の向上に結びつくだろう。フォーラムで上がった意見も聞いていきたい」ということばをいただきました。今この時期のこのチャンスを生かしたいと思います。

また、日本で公教育を受けた外国人の子どもたちが、今、大学生となり自分のことばでこれまでの体験、今後の夢や社会について語り始めています。市内の高校、大学に進学した外国人学生で座談会を実施したところ、かれらの語る内容が深く、感銘を受けるとともに期待も高まりました。今後はロールモデルとなりうる学生たちをつくりコミュニティにも知らせていくことも重要だと考えています。

●インタビューを終えて

　一つひとつの実践事例を伺っていると、先生は浜松という地域の特色を大学教育に生かし、大学生のアイディアとパワーを地域に還元する、そんな流れを作り出しているのだとわかりました。学生というのは「期限付き」の身分です。地域での活動に長く関われるとは限りません。しかし、学生が浜松という地域の力によって育つのなら、社会人となってからも浜松での体験を生かして「多文化共生」社会の構成員となるのではないか、そんな希望をもつことができました。

　また、「多文化子ども教育フォーラム」はネットワークとして多様な立場の支援者をつなぎ、共通の課題に関する議論を深め、提言という形で発信しています。こうした試みの中核となるのも大学の大切な役割であることを改めて感じました。

　　　　　　　　　　　　　　　　　　　　　　　　　　（近田由紀子）

おわりに

　早くから外国人児童生徒の受入れをしてきた浜松でも、教員の研修組織として浜松市外国人指導研究部が発足したのは、平成16年4月です。ちょうど「JSLカリキュラム」による授業実践が動き出した時期と重なります。各校で担当者が個々ばらばらに模索する時代から、地域の教員・支援者が課題を共有し実践をする時代になりました。しかし、全国的な傾向と同様に、同じ地域にありながらも各学校の状況は実に多様でした。また、外国人児童生徒教育担当者の半数以上は1年ごとに変わります。実践記録はあるものの、それらの実践を丁寧に読み解き学び合い、地域で積み上げていく難しさがあったのです。

　そのような中、教員の授業実践を、研究者が理論的な枠組みのもとにその価値や意義を読み解くという作業を本著で試みました。これにより個別であった実践が、あるまとまりをもって般化され、他者への示唆としての意味をもつことができたのではないかと考えます。本著に実践を提供してくれた先生方から、「私たちは目の前の子どもをどのように教えるか精いっぱいで、自身では省察が及ばず語りきれないところがあります。その部分を表現してもらい、授業実践の価値や意義を認められることはとても嬉しいことです」という声が寄せられました。大上段に構えなくても普段こつこつと実践していることが、外国人児童生徒の「『ことばと教科の力』を育む」ことにつながっていることを、子どもの姿からも理論的な枠組みからも確かめられた喜びではないでしょうか。本著が、日ごろ一人で課題を抱えがちな先生方が、自信をもって次の課題にチャレンジする力を得るものであり、また、地域で支えてくださる方々とともに、「外国人の子どもの学びを創る」授業実践を促す力となれば幸いです。

　本著の出版にあたり、ご理解とご協力を頂けました浜松市教育委員会

の皆様、各学校の教職員の方々、地域の支援者の方々に深く感謝いたします。また精力的に編集されてよいものに仕上げてくださった、くろしお出版池上達昭氏に心よりお礼申し上げます。

　外国人の子どもの教育は、学校の教職員だけでは抱えきれない課題が、今も山積しています。今後は、すでに全国各地で実践されている素晴らしい授業にも学びつつ、地域の支援者の方々のお力を得ながら、それぞれがよりよい授業を目指して外国人児童生徒の学ぶ力を高めることができるよう、皆さまとともに私たちも努めてまいりたいと思います。

（編者　近田由紀子）

[編者紹介]

齋藤ひろみ（さいとう・ひろみ）
東京学芸大学教育学部日本語教育学分野 教授
著書に『外国人児童生徒のための支援ガイドブック～子どもたちのライフコースによりそって』(編者，凡人社 2011)，『文化間移動をする子どもたちの学び―教育コミュニティの創造に向けて』(編者，ひつじ書房 2009) ほか

池上摩希子（いけがみ・まきこ）
早稲田大学大学院日本語教育研究科 教授
著書に『こども にほんご 宝島』(共著，アスク出版 2009)，『小学校「JSL算数科」の授業作り』(共著，スリーエーネットワーク 2005) ほか

近田由紀子（こんだ・ゆきこ）
目白大学人間学部 児童教育学科 専任講師
論文に「外国につながる子どもの情報を共有し支援のニーズを知る」『シリーズ多言語・多文化協働実践研究9』(東京外国語大学多言語・多文化教育研究センター 2009)

外国人児童生徒の学びを創る授業実践
―「ことばと教科の力」を育む浜松の取り組み―

2015年6月1日　第1刷発行
2019年8月1日　第2刷発行

編　者　齋藤ひろみ・池上摩希子・近田由紀子

発行人　岡野秀夫
発　行　株式会社　くろしお出版
　　　　〒102-0084　東京都千代田区二番町4-3
　　　　電話：03-6261-2867　FAX：03-6261-2879　WEB：www.9640.jp

印刷所　藤原印刷／装丁　桂川潤／イラスト　村山宇希（ぽるか）

© Hiromi Saito, Makiko Ikegami, Yukiko Konda 2015,
Printed in Japan　ISBN978-4-87424-662-7 C1081

本書の全部または一部を無断で複製することは，著作権法上での例外を除き禁じられています。